ISBN 978-3-200-10126-5

1. Auflage

Dr. Rudolf Hausegger

DER ALTE HÄTTE NEIN GESAGT

15 VIBES FÜR POSITIVES LEADERSHIP

Inhalt

"

Du bist die Summe deiner Mitarbeitenden.

(Rudolf Hausegger)

Vorwort

Dieses Buch ist mehr als nur eine Geschichte – es ist eine Reise. Eine Reise, die dich tief in die Geheimnisse und Herausforderungen moderner Führung eintauchen lässt. Eine Reise, die dich befähigt, als Führungskraft aus verschiedensten Persönlichkeiten ein kraftvolles, dynamisches Team zu formen.

Die Idee zu diesem Buch kam mir während meiner eigenen Reise als Führungskraft und Führungscoach. In unzähligen Momenten habe ich die immense Stärke erlebt, die aus Teams entsteht, die verschiedene Generationen, Hintergründe und Perspektiven vereinen. Doch genauso oft war ich Zeuge der Herausforderungen, die sich daraus ergeben. Und genau dort, in dieser Spannung zwischen Innovation und Reibung, entsteht die wahre Magie der Führung.

Letztendlich hat mich aber erst ein besonderer Moment dazu gebracht, dieses Buch zu schreiben. Während eines meiner Führungskräftetrainings fragte ich eine bereits sehr erfahrene Teilnehmerin, wie sie ihre bisher beste Führungskraft beschreiben würde. Sie malte mir das Bild einer Führungspersönlichkeit, die durch Ruhe, Zuversicht, Sinnstiftung und – am allerwichtigsten – durch Menschlichkeit und Wertschätzung in ihrem Gedächtnis noch über Jahrzehnte verankert war. Auch nach all den Jahren erinnerte sie sich klar an seinen Namen. Wolfgang. Ihm ist dieses Buch gewidmet, denn er ist mein ganz persönliches „Einhorn" der Führung – einzigartig und inspirierend.

In „Der Alte hätte Nein gesagt – 15 Vibes für Positives Leadership" begegnen dir die echten Herausforderungen, mit denen moderne Führungskräfte heute tagtäglich konfrontiert sind. Unterschiedliche Arbeitsstile, Kommunikationswege und Erwartungen können eine Quelle ungeahnter Kreativität sein, aber genauso gut Spannungen entfachen. Doch genau darin liegt das Potenzial, Großes zu schaffen.

Lucy, die Protagonistin, steht stellvertretend für uns alle. Ihre Reise in die Führungsrolle einer ländlichen Gärtnerei ist nicht nur ihre Geschichte, es ist auch meine – und vielleicht auch deine. Sie zeigt uns, dass Führung nicht bedeutet, perfekt zu sein. Es geht darum, zu lernen, zu wachsen und immer wieder aufzustehen.

Warum habe ich als Ort der Handlung eine Gärtnerei gewählt? Genau wie die Pflanzen in einer Gärtnerei brauchen auch Menschen individuelle Pflege und Aufmerksamkeit, um zu gedeihen. Führung ist kein starres Konzept – sie ist lebendig, sie wächst, sie blüht, wenn wir uns auf die Einzigartigkeit jedes Einzelnen einlassen.

Was hat es mit dem Titel „Der Alte hätte Nein gesagt" auf sich? Junge Führungskräfte ticken anders als die alten. Insbesondere die Vertreterinnen und Vertreter der Generation Z, die heute schon in Führungsrollen eintauchen, kollidieren oft noch immer mit den Wertevorstellungen und Führungsideen der Generationen Y und X – ganz zu schweigen von denen der Babyboomer. Und deshalb habe ich mit Herrn Nowatzki, dem Alt-Eigentümer der Gärtnerei, eine Art „altes Gewissen" installiert. Er soll uns an jene Führungskräfte erinnern, die durch vertikale Strukturen und autoritäres Führungsverhalten die Führungsvergangenheit besetzen.

Lucy arbeitet mit natürlichen Führungstools – sie nutzt das, was ihr zur Verfügung steht, und entwickelt sich dabei stetig weiter. Sie verkörpert eine Führungspersönlichkeit, die nicht nur ihre Mitarbeitenden führt, sondern auch an sich selbst arbeitet. Ihr wird im Laufe ihrer Reise bewusst, dass sie „die Summe ihrer Mitarbeitenden" ist – ihre Führung spiegelt das Potenzial ihres Teams wider. Indem sie täglich Tagebuch führt und ganz bewusst reflektiert, erkennt sie die Bedeutung von Selbstreflexion und ihrer eigenen kontinuierlichen Weiterentwicklung. Sie zeigt uns, dass Führung eine Reise ist, die nie aufhört.

Dabei verzichte ich bewusst auf leere Floskeln, barocke Blähformeln und nicht anwendbare Theorien. In dieser Geschichte geht es nicht um abstrakte Konzepte, sondern um die Realität – um konkrete, oft einfache Methoden, die helfen, komplexe Herausforderungen zu bewältigen.

Ich selbst habe auf meinem Weg als Führungskraft viele Fehler gemacht – und genau aus diesen Fehlern habe ich gelernt. Dieses Buch richtet sich an Menschen, die menschenorientiert führen wollen, die Wert auf echte Wertschätzung und Menschlichkeit legen. Es ist nicht für diejenigen gedacht, die nach der nächsten großen Führungstheorie suchen. Führung ist hier keine trockene Wissenschaft, sondern gelebte Praxis, die Herz und Verstand verbindet.

„Hard-Work-Hard-Play"-Befürwortende werden mit diesem Buch wohl keine emotionale Befriedigung erlangen. Vielmehr besteht die Gefahr, dass es sie dazu anregt, das eigene Führungsverhalten zu überdenken. Dieses Buch ist eine Einladung, Führung neu zu definieren – auf der Grundlage von Respekt, Menschlichkeit und dem tiefen Glauben an das Potenzial jedes Einzelnen im Team.

Die „15 Vibes für Positives Leadership" sind mehr als nur Theorie. Sie sind lebendige, bewährte Prinzipien, die dich auf deiner eigenen Führungsreise unterstützen werden.

Sie sind das Fundament eines Teams, das stark, harmonisch und zielstrebig ist. Der Grundgedanke, der mich in der Führungsarbeit stets begleitet ist „Die Führungskraft ist die Summe ihrer Mitarbeitenden."

Möge dieses Buch dich dazu ermutigen, mit offenem Geist und offenem Herzen die Herausforderungen der modernen Führung anzunehmen. Lass dich von Lucys Reise inspirieren. Finde deine eigenen „Vibes" und entdecke, wie du dein Team zu neuen Höhen führst.

Dr. Rudolf Hausegger

Der Neuanfang

Vor einigen Jahren hätte sich Lucy nie träumen lassen, wo sie heute stehen würde. Damals, als sie noch in der Großstadt lebte und sich durch ihre Jurakurse kämpfte, fühlte sich die Zukunft schwer und ungewiss an. Ihre Eltern hatten so große Hoffnungen in sie gesetzt. Sie hatten alles gegeben, um ihr das Studium zu ermöglichen, sich selbst vieles verwehrt, damit Lucy es einmal besser haben würde. Für sie waren Akademiker fast wie Halbgötter – Menschen, die über der herausfordernden Arbeiterrealität standen, in der Lucys Eltern ihr ganzes Leben verbracht hatten. Dass Lucy eines Tages „etwas Besseres" werden würde, war für sie das höchste Ziel. Sie meinten es gut mit Lucy.

Doch Lucy fühlte sich in dieser Welt fehl am Platz. Die endlosen Stapel grauer Bücher, das monotone Brüten über Paragrafen in der Bibliothek – nichts davon berührte sie. Mit jedem weiteren Tag an der Universität wurde ihre Unsicherheit größer. Der Gedanke, den Rest ihres Lebens in einem Büro zu verbringen, ließ sie verzweifeln. Sie begann sich zu fragen, ob das wirklich das Leben war, das sie führen wollte. Die Erwartungen ihrer Eltern lasteten schwer auf ihr, doch eines Tages, nach einem weiteren frustrierenden Tag in der Bibliothek, fasste sie den Mut, eine Entscheidung zu treffen.

„Was willst du uns damit sagen?", fragte ihre Mutter, die Tränen in den Augen, als Lucy die Entscheidung, ihr Studium abzubrechen, endlich aussprach. Ihre Hände zitterten, während sie nervös an ihrer Schürze nestelte.

„Wir haben alles für dich gegeben, Lucy. Alles! Und jetzt willst du das einfach hinschmeißen?"

Ihr Vater, sonst so still, schnaubte leise, seine Stirn in tiefe Falten gelegt. „Deine Mutter und ich haben unser Leben lang dafür gearbeitet, dir diese Chance zu geben. Weißt du eigentlich, wie schwer das für uns war? Und jetzt…" Er brach ab, drehte sich von ihr weg und verschränkte die Arme. Seine Schultern waren angespannt, sein Blick starrte in die Ferne.

„Ich weiß, dass ihr euch das anders vorgestellt habt", begann Lucy, ihre Stimme bebend, „aber ich kann das nicht mehr. Ich…" Sie hielt kurz inne, atmete tief durch und sammelte all ihren Mut. „Ich bin nicht glücklich. Das ist nicht mein Weg."

Ihre Mutter schüttelte den Kopf, ihre Stimme wurde lauter. „Nicht dein Weg? Und was ist dein Weg, Lucy? Eine Gärtnerei? Blumen pflanzen? Das soll dein Leben sein?" Die Worte trafen Lucy hart, doch sie hielt dem Blick ihrer Mutter stand.

„Ja", antwortete Lucy, ihre Stimme fester. „Ich will etwas Echtes machen, etwas, das mich erfüllt. Ich liebe die Natur. Ich will draußen sein, arbeiten, etwas mit meinen Händen erschaffen. Ich will… leben, nicht nur funktionieren."

Es herrschte eine gespannte Stille. Ihre Mutter wischte sich eine Träne von der Wange, während ihr Vater tief durchatmete und sich langsam zu ihr umdrehte.

„Wenn das wirklich dein Weg ist", sagte er leise, „dann geh ihn. Aber du wirst kämpfen müssen, Lucy. Das Leben ist kein Spaziergang."

Lucys Herz zog sich zusammen, doch in diesem Moment erkannte sie etwas in den Augen ihrer Eltern – etwas, das sie nicht erwartet hatte. Stolz. Es war versteckt, kaum sichtbar, aber es war da. Sie wussten, dass sie ihren eigenen Weg gehen musste, und obwohl es sie schmerzte, gaben sie ihr die stille Erlaubnis.

Lucy folgte ihrer wahren Leidenschaft – der Natur. Sie begann eine Ausbildung zur Gärtnerin in einer kleinen Bio-Gärtnerei auf dem Land. Der Schritt von der Großstadt und den Hörsälen in die Abgeschiedenheit der Felder und Gärten war radikal. Sie war mit fast dreißig die älteste Auszubildende, und es war nicht immer einfach. Die anderen Azubis, viel jünger als sie, sahen sie oft skeptisch an, belächelten sie sogar manchmal. Sie spürte, wie die Blicke der Kolleginnen und Kollegen länger auf ihr ruhten, wenn sie sich bei den praktischen Aufgaben die Hände schmutzig machte. Doch Lucy ließ sich nicht beirren. Die Arbeit mit den Pflanzen, das Säen und Ernten, die frische Luft – das alles gab ihr eine tiefe innere Zufriedenheit, die sie nie in einem Hörsaal gefunden hatte.

Die Jahre seit ihrem Studienabbruch waren nicht leicht gewesen. Aber sie hatte viel gelernt – über die Pflanzen, die Menschen und über sich selbst. Die Gärtnerei wurde für Lucy zu einem Ort des Friedens und der Beständigkeit. Sie fühlte sich zum ersten Mal, als hätte sie Wurzeln geschlagen. Doch jetzt, nach der Ausbildung, war sie mit einer neuen Herausforderung konfrontiert.

Der Eigentümer der Gärtnerei, Herr Nowatzki, ein Mann der alten Schule, hatte keine Käufer für seinen Betrieb gefunden und stand kurz davor, alles aufzugeben.

Die Gärtnerei steckte in einer finanziellen Krise, und es schien, als wäre die Zukunft des kleinen Betriebs ungewiss. Lucy erinnerte sich an den Tag, als sie die Entscheidung traf, die alles verändern würde. Herr Nowatzki saß müde in seinem Büro, seine Hände ruhten schwer auf den Papieren, als hätte er längst aufgegeben. In einem Moment der Verzweiflung – und vielleicht auch aus Mut – hatte Lucy ihm angeboten, die Leitung zu übernehmen. Es war ein impulsiver Vorschlag gewesen, und als die Worte einmal ausgesprochen waren, hatte sie gespürt, dass es das Richtige war.

Herr Nowatzki hatte nach einer Weile zugestimmt, doch er hatte seine Zweifel nie verborgen. „Du bist zu jung“, hatte er gesagt, seine Stimme fest und seine Augen skeptisch. „Und zu unerfahren. Die Leute hier brauchen eine starke Hand. Keine zarte Pflanze.“ Während er sprach, hatte er sie mit einem durchdringenden Blick gemustert, als wollte er jeden Funken Unsicherheit in ihr erkennen. Lucy hatte ihm standgehalten, auch wenn sie innerlich unsicher war. Sie wusste, dass sie vor einer großen Aufgabe stand. Es ging nicht nur darum, die Gärtnerei aus der Krise zu führen, sondern auch darum, ihre Position als Leiterin zu festigen.

Herr Nowatzki trat nun offiziell kürzer, aber er war noch immer präsent. Immer wieder tauchte er auf, um Lucys Entscheidungen zu hinterfragen, seine Stimme dröhnend und sein Urteil stets bereit.

Jedes Mal, wenn er ihre Arbeit kommentierte und mit seinem typischen „Ich hätte Nein gesagt“ durchaus abwertend einleitete spürte sie, wie ihre Nerven sich anspannten, und sie versuchte, ruhig zu bleiben. „Weißt du, früher haben wir das anders gemacht", hatte er neulich gesagt, seine Hände in die Hüften gestemmt, während er sich über die neusten Pflanzpläne beugte. Lucy hatte sich zusammengerissen, ihm fest in die Augen gesehen und geantwortet: „Wir leben aber nicht mehr früher, Herr Nowatzki."

An diesem Morgen stand Lucy vor dem Tor der Gärtnerei und atmete tief durch. Die Luft war frisch, und ein leichter Wind wehte durch die Bäume. Vor ihr lag ein Tag voller Herausforderungen, und sie wusste, dass noch viele weitere kommen würden. Aber diesmal war es anders. Es war ihre Verantwortung. Der Weg vor ihr war ungewiss, doch zum ersten Mal seit langem spürte sie keine Angst. Stattdessen war da eine aufkeimende Freude. Sie konnte es kaum erwarten, zu beginnen.

„Es ist Zeit, neue Wurzeln zu schlagen", murmelte sie leise zu sich selbst, während ein Lächeln ihre Lippen umspielte. Das Holz des alten Tors fühlte sich warm und vertraut unter ihren Händen an. Dies war ihre Chance – nicht nur, um die Gärtnerei zu retten, sondern um zu beweisen, dass sie den Mut und die Fähigkeiten hatte, etwas Eigenes aufzubauen. Schritt für Schritt würde sie lernen, wachsen und mit der Gärtnerei blühen.

Mit einem tiefen Atemzug schob Lucy das Tor auf und trat ein. Die Sonne kämpfte sich durch die Wolken, als sie die ersten Schritte in dieses neue Kapitel ihres Lebens ging – ein Kapitel voller Herausforderungen, aber auch voller Möglichkeiten. Sie war bereit für etwas Großes.

”

Wo Vertrauen ist, da stellt sich der Sieg ein.

(Zeami Motokiyo)

Vibe 1: Wurzeln schlagen, ankommen & den Boden aufbereiten

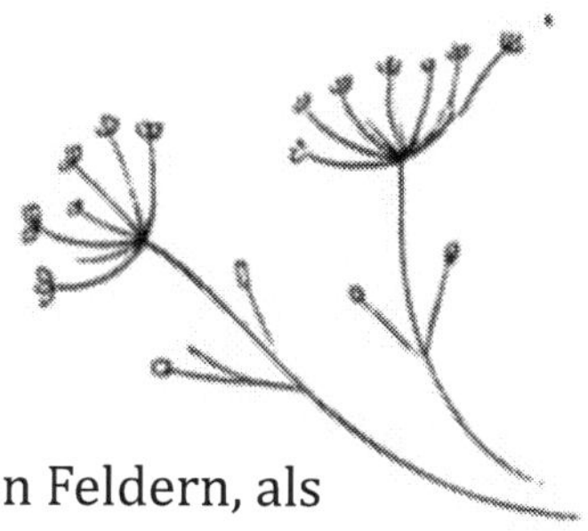

Der Morgen dämmerte ruhig über den Feldern, als Lucy ihren ersten Tag als Leiterin der Gärtnerei begann. Die Verantwortung, die sie nun trug, lastete schwer auf ihren Schultern. Einst war sie Azubi in dieser Gärtnerei gewesen, jetzt war sie die Chefin. Während sie ihre Gartenkleidung anzog, bereitete sich Lucy gedanklich auf den bevorstehenden Tag vor. Die Felder um die Gärtnerei strahlten in der Morgensonne, doch in Lucys Innerem herrschte Unruhe.

Die Gärtnerei selbst lag etwas abgeschieden, umgeben von Bäumen und Wildblumen. Hier kannte Lucy jeden Winkel, jede Pflanze. Aber heute fühlte sich alles anders an. Als sie ankam, stand sie kurz still, atmete tief durch und musterte das Gelände. Das Team war bereits bei der Arbeit. Simon, Momo, Becky und Jay – ihre Kollegen und gleichzeitig nun auch ihre Mitarbeitenden. Es fühlte sich seltsam an. Würden sie sie in ihrer neuen Rolle als Führungskraft akzeptieren?

Simon war wie immer in seine Arbeit vertieft, konzentriert pflanzte er Setzlinge in ordentlichen Reihen. Lucy konnte seine ernste Miene sehen, die Stirn leicht in Falten gelegt, während er sich auf seine Aufgabe fokussierte. Simon war Mitte Dreißig, hatte immer eine Leidenschaft für Präzision und Ordnung gehabt, ob es nun bei den Pflanzen war oder in seinem Nebenhobby, alten Kameras. Doch unter der Oberfläche schien heute eine leichte Spannung zu liegen. Als Lucy ihn ansprach, hob er nur kurz den Kopf und murmelte eine Antwort. Sie konnte spüren, dass er mit der neuen Dynamik kämpfte. Simon hatte in der Vergangenheit unter Herrn Nowatzkis direkter Art gelitten und wirkte immer etwas zurückhaltend.

Momo hingegen, mit Anfang Zwanzig die jüngste im Team, stand etwas abseits und tippte wie gewohnt auf ihrem Handy herum, während sie zwischen den Pflanzen umherging. Ihre lockere Haltung schien keine Sorgen zu verbergen, aber Lucy wusste, dass Momo oft die Balance zwischen ihrer Online-Welt und der Arbeit in der Gärtnerei suchte. Momo brauchte einen Platz, an dem sie ihre Energie und Kreativität einbringen konnte.

„Was gibt's Neues in der Welt der Pflanzen-Influencer?" fragte Lucy scherzhaft, aber auch ein wenig unsicher, wie sie ihre Führung in diesem Moment ausspielen sollte. Momo lachte kurz und steckte ihr Handy weg, „Nichts, was unsere Pflanzen nicht toppen könnten", antwortete sie halb ernst, halb spielerisch. Doch hinter ihrem Lächeln konnte Lucy eine leichte Unsicherheit erkennen – wie würde diese neue Dynamik zwischen ihnen funktionieren?

Becky, eine Frau in ihren Vierzigern, stand am Rand und war bereits dabei, die Gartengeräte zu reinigen Sie trug, wie immer, eine Flasche Handdesinfektionsmittel in der Tasche, bereit, sie nach jedem Kontakt mit Erde zu benutzen. Becky hatte ständige Angst, krank zu werden. Wie immer wirkte sie bedacht und akribisch. Becky war eine erfahrene Gärtnerin, aber auch jemand, der stark in Routinen verhaftet war. „Sorgfalt ist alles", sagte sie leise, während sie die scharfe Klinge eines Gartenmessers inspizierte. Ihre Bewegungen waren ruhig und geübt, aber Lucy bemerkte, dass sie sie nur kurz ansah, bevor sie sich wieder der Arbeit zuwandte. Es war, als ob Becky versuchte, die neue Situation auf Abstand zu halten – als ob sie nicht sicher sei, wie viel Vertrauen sie Lucy als neue Chefin entgegenbringen konnte.

Jay, der älteste im Team und ein Mann in seinen späten Fünfzigern, war der letzte im Team, den Lucy ansprach. Der alteingesessene Gärtner und Naturbursche nickte Lucy zu, als sie ihm näherkam. Jay war der Ruhepol des Teams, doch seine Flexibilität wurde oft durch seine familiären Verpflichtungen eingeschränkt, denn er kümmerte sich wirklich bei jeder Gelegenheit um sein Enkelkind. Er war ein verlässlicher Mitarbeiter, der klare Anweisungen und Strukturen schätzte.

Er schien die Veränderung stoisch hinzunehmen, doch hinter seiner ruhigen Art lag eine Skepsis, die Lucy nicht übersehen konnte. „Guten Morgen, Jay", sagte Lucy freundlich, „Wie läuft's heute?" Jay seufzte leicht, ohne seinen Blick von den Pflanzen zu nehmen. „Läuft", sagte er trocken und fuhr dann fort, „Mal sehen, wie lange."

Lucy spürte die Distanzen zwischen ihnen allen. Die Unsicherheit. Es war klar, dass Vertrauen aufgebaut werden musste, und das nicht durch große Reden, sondern durch Taten und kleine Gesten, die zeigen, dass sie trotz der Veränderung im Team alle gleichwertig waren.

Sie beschloss, den ersten Schritt zu machen. „Hört mal alle kurz zu", sagte Lucy und klatschte leicht in die Hände, um

die Aufmerksamkeit des Teams zu gewinnen. „Ich weiß, dass ich vieles für uns alle verändert hat“, begann sie und versuchte, ihre Nervosität hinter einem Lächeln zu verbergen. Ihre Hände zitterten leicht, also verschränkte sie sie vor sich, um die Ruhe zu bewahren.

„Aber ich möchte, dass ihr wisst, dass ich hier bin, um mit euch zu arbeiten – nicht über euch.“

Sie sah sich um und hielt den Blick jedes Einzelnen für einen Moment fest. „Ich wünsche mir, dass wir uns darauf konzentrieren, wie wir zusammenarbeiten können. Ich möchte euch zuhören, eure Ideen hören und eure Bedenken ernst nehmen.“

Simon starrte auf den Boden, nickte aber langsam. Momo lächelte schwach, während Becky und Jay sich zögernd gegenseitig ansahen, als würden sie versuchen, die Worte abzuwägen. „Ich denke, wir sollten einfach weitermachen“, sagte Jay schließlich und schulterte seine Werkzeuge, „Es wird sich schon zeigen.“

Plötzlich hörte Lucy hinter sich die kratzige Stimme von Herrn Nowatzki. „Weiter so wie immer?“, rief er. „Das ist doch naives Denken! Ohne klare Führung geht hier gar nichts voran.“ Er stand breitbeinig in der Tür und sah Lucy herausfordernd an, seine Augen waren schmal und durchdringend. „Ein paar Jahre als Azubi, und du meinst, du könntest diesen Laden schmeißen?“ Herr Nowatzkis Stimme war harsch, und jede Silbe triefte vor Skepsis.

Lucy atmete tief durch. Sie konnte spüren, wie ihr Herz schneller schlug, aber sie hielt dem bohrenden Blick stand. „Ich weiß, dass ich noch viel zu lernen habe", sagte sie ruhig, obwohl ihre Hände unbewusst zu Fäusten geballt waren. „Aber ich bin bereit, diese Verantwortung zu übernehmen."

Herr Nowatzki trat einen Schritt näher, seine Präsenz war bedrückend. „Bereit? Bereit ist nicht genug. Du wirst hier Entscheidungen treffen müssen – keine Zeit für endlose Diskussionen." Seine Stimme wurde leiser, aber nicht weniger bedrohlich.

Lucy konnte das Zögern in den Gesichtern ihrer Kolleginnen und Kollegen sehen. Becky schien noch kleiner zu werden, als sie mit zitternden Händen an einem Gartengerät herumwischte. Momo wich ein wenig zurück und schien sich hinter ihrem Humor zu verstecken. Simon sah sie skeptisch an, als ob er nicht sicher wäre, ob sie dem Druck standhalten konnte. Und Jay? Jay blieb ruhig, aber seine Augen zeigten, dass auch er nicht überzeugt war.

Lucy spürte, dass sie die Situation wieder unter Kontrolle bringen musste. „Wir werden gemeinsam arbeiten und sicherstellen, dass die Gärtnerei weiterhin erfolgreich ist", sagte sie, ihre Stimme wurde fester. „Und ich werde die Führung übernehmen, indem ich auf euch höre. Wir sind ein Team – und das bedeutet, dass jeder von uns zählt."

Herr Nowatzki schnaubte. „Ein Team mag ja gut klingen", sagte er trocken, „aber am Ende des Tages bist du verantwortlich, Lucy. Vergiss das nicht."

Die Worte hingen für einen Moment in der Luft, bevor Lucy langsam nickte. „Ich habe das nicht vergessen", sagte sie ruhig und wandte sich wieder dem Team zu. „Ich werde Verantwortung übernehmen. Und ich glaube auch daran, dass wir zusammen stärker sind." Sie sah in die Runde, ihre Augen fest auf die ihren gerichtet. „Lasst uns weiterarbeiten. Wir haben viel zu tun, und ich vertraue darauf, dass wir das schaffen können."

Als der Tag weiterging, machte Lucy bewusst kleine Schritte, um das Vertrauen zu stärken. Sie half Momo dabei, die Pflanzen neu zu arrangieren, und lobte sie für ihre kreativen Ideen. Sie sprach mit Simon über einige seiner Verbesserungsvorschläge, und obwohl er noch distanziert wirkte, hörte er ihr zu. Mit Jay sprach sie über seine Bedenken hinsichtlich der Kundenbetreuung, und auch Becky versuchte sie immer wieder in Gespräche einzubeziehen, um ihr das Gefühl zu geben, dass ihre Meinung zählt.

Am Ende des Tages, als die Sonne tief am Himmel stand und das Team sich langsam auf den Heimweg vorbereitete, versammelte Lucy sie noch einmal. „Ich möchte euch allen für heute danken", sagte sie und lächelte erschöpft, aber ehrlich. „Es war ein langer Tag, aber ich denke, wir haben einen Anfang gemacht."

Jay nickte langsam, Simon wirkte nachdenklich, während Becky und Momo ein leichtes Lächeln auf den Lippen hatten. Es war noch ein langer Weg, aber Lucy spürte, dass sie einen ersten Schritt in die richtige Richtung gemacht hatte.

Als der Tag sich dem Ende neigte und die untergehende Sonne einen warmen, goldenen Schimmer über die Gärtnerei legte, machte sich Momo mit federnden Schritten auf den Heimweg. Ihr Kopf war immer noch voll von den Ereignissen des Tages – und Lucy. Oh ja, Lucy hatte definitiv einen bleibenden Eindruck hinterlassen.

Zu Hause angekommen, warf sie sich auf ihr Bett und griff nach ihrem Handy, um ihre Freundinnen anzurufen. Kaum hatten sie sich eingeloggt, sprudelte es auch schon aus ihr heraus: „Mädels, haltet euch fest – Lucy ist jetzt offiziell die Chefin! Aber das Beste kommt noch: Herr Nowatzki hat heute eine Show abgezogen, das glaubt ihr nicht!“

„Was ist passiert?“ fragte eine ihrer Freundinnen mit einem Lachen, das bereits ahnte, dass Momo wieder etwas Witziges zu erzählen hatte.

Momo grinste breit, während sie sich aufrichtete und dramatisch erzählte: „Also, da steht Lucy, voll konzentriert, versucht, uns diesen total motivierenden Chefin-Quatsch zu erzählen, als auf einmal... BUMM! Der Alte, also der Nowatzki, marschiert rein. Und oh mein Gott, der hat gleich losgelegt: ‚Chance gegeben?‘“ Momo versuchte, seine tiefe Stimme nachzuahmen, „‚Na ja, das war mehr aus der Not heraus!‘“ Sie verdrehte die Augen theatralisch und ließ ihre Freundinnen laut lachen.

„Und Lucy... Sie bleibt einfach so cool, wie sie kann, aber ich hab's genau gesehen, wie ihre Finger gezuckt haben, als wollte sie ihm am liebsten den nächsten Blumentopf an den Kopf werfen.

Stattdessen sagte sie so etwas wie: ‚Ich bin bereit, die Verantwortung zu übernehmen.‘ Voll mutig, oder? Aber ich schwöre, innerlich hat sie ihn bestimmt in Gedanken dreimal aus der Gärtnerei geschmissen."

Die Freundinnen lachten lauter, und eine von ihnen fragte: „Und was hat Herr Nowatzki dann gemacht?"

„Oh, er hat natürlich nicht aufgehört!" Momo schüttelte lachend den Kopf. „Er kommt näher, starrt sie mit diesem fiesen Blick an und zischt: ‚Bereit ist nicht genug, Lucy. Entscheidungen müssen zügig getroffen werden.' Also echt, als ob wir alle seit Jahren auf ihn hören würden!" Sie warf sich auf ihr Bett zurück und grinste. „Aber wisst ihr was? Lucy hat sich echt gut geschlagen. Sie hat uns nicht im Stich gelassen, obwohl ich schwöre, man konnte sehen, wie sie sich zusammenreißen musste, um nicht komplett aus der Haut zu fahren. Es war, als hätte sie innerlich diesen ständigen Monolog: ‚Sei ruhig, Lucy, atme tief durch, nicht den alten Mann mit einem Blumentopf bewerfen...'"

Wieder brachen ihre Freundinnen in schallendes Gelächter aus. „Also, ich muss sagen, das hätte ich gern gesehen!" sagte eine, immer noch kichernd.

Momo grinste und fügte hinzu: „Aber ganz ehrlich – sie hat es geschafft. Sie will echt was verändern. Vielleicht geht das ja doch ganz gut mit ihr als Chefin. Sie ist halt Lucy, und irgendwie wird das schon. Aber ich bleib gespannt, was als nächstes kommt."

Und so schloss Momo ihren Tag mit einem breiten Lächeln. In all dem Ernst und den Zweifeln war da doch dieser Funke Hoffnung und ja, auch ein bisschen Spaß – vor allem, wenn es darum ging, wie Lucy sich mit ihrer ruhigen Entschlossenheit immer wieder behauptete.

Lucys Erfolgstagebuch

Datum: 12. März

Worauf ich stolz bin! Ich habe den ersten Schritt als Führungskraft gewagt. Obwohl die Rolle sich noch fremd anfühlt, habe ich es geschafft, vor das Team zu treten und offen über meine Pläne und Erwartungen zu sprechen. Es war besonders wichtig, dass ich klar gemacht habe, dass ich auf Zusammenarbeit setze. Ich habe versucht, das Team dort abzuholen, wo es steht, anstatt sofort meine Vorstellungen aufzuzwingen. Das war die richtige Entscheidung, denn es hat die Anspannung gelöst und eine gewisse Offenheit im Raum geschaffen. Auch wenn Herr Nowatzki seinen skeptischen Senf dazugegeben hat, habe ich es geschafft, ruhig und fokussiert zu bleiben, ohne meine Position aufzugeben. Ich glaube, der Moment, als mit dem Team meine Gedanken zur gemeinsamen Arbeit geteilt habe, war ein kleiner Wendepunkt. Ihre Reaktionen zeigten, dass sie zumindest neugierig sind, ob dieser Ansatz funktionieren könnte. Ich habe gemerkt, dass es ihnen guttut, wenn ich Raum für ihre Zweifel lasse, aber gleichzeitig eine Richtung vorgebe. Das Gefühl, dass ich die Führung übernehme, ohne diktatorisch zu sein, hat bei einigen Vertrauen geweckt – das war für mich ein Erfolg.

Was ich optimieren will: Es gab einen Punkt, an dem ich spürte, dass die Situation zu kippen drohte. Herr Nowatzkis Einmischung hat die Spannung im Team verstärkt, und ich hätte früher eingreifen sollen, um diese Unsicherheit aufzufangen. Beim nächsten Mal werde ich mich deutlicher positionieren, wenn er versucht, meine

Autorität zu untergraben. Ich weiß, dass das Team in dieser Übergangsphase Stabilität von mir erwartet. Ich muss daher schneller und klarer in solchen Momenten handeln, um das Vertrauen weiter aufzubauen. Auch habe ich gemerkt, dass es schwierig ist, die richtige Balance zwischen Führung und Zusammenarbeit zu finden. Es ist wichtig, den Leuten zuzuhören, aber gleichzeitig klare Entscheidungen zu treffen. Diese Balance werde ich weiter verfeinern, um das Team zu führen, ohne dabei die Autorität zu verlieren.

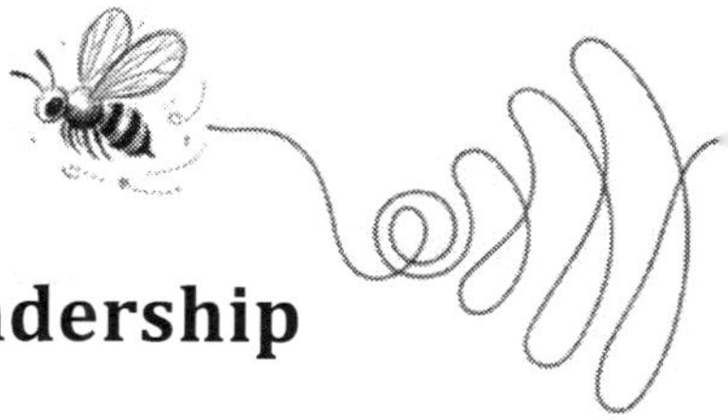

Lucys Vibes für positives Leadership

Was hat Lucy vollbracht? Lucy hat den ersten und entscheidenden Schritt als Führungskraft unternommen: sie hat ihr Team nicht überrollt, sondern es dort abgeholt, wo es sich emotional und praktisch gerade befand. Sie hat den Grundstein für Vertrauen gelegt, indem sie aufmerksam zugehört, Fragen gestellt und ihre Rolle als unterstützende Führungskraft klar definiert hat. Indem sie sich nicht von Herrn Nowatzkis Einmischung beirren ließ, hat sie gezeigt, dass Vertrauen durch Beständigkeit und klare Kommunikation aufgebaut wird.

Was kannst du tun? Sei mutig und setze klare Erwartungen an dein Team. Baue Vertrauen auf, indem du dein Team nicht mit sofortigen Befehlen überforderst, sondern ihnen Raum gibst, sich an die neue Situation zu gewöhnen. Sei präsent und zeige, dass du für sie da bist, ohne dabei deine Verantwortung als Führungskraft zu verlieren. Klare Kommunikation und das Setzen von Erwartungen sind der Schlüssel. Zeige deinem Team, dass es auf dich zählen kann, dass du aber gleichzeitig bereit bist, zuzuhören und gemeinsam zu wachsen.

Was bringt es deinem Team? Wenn die Menschen, die mit dir arbeiten, Vertrauen in dich haben, werden sie offener und motivierter arbeiten. Die Gewissheit, dass ihre Bedenken ernst genommen werden, gibt ihnen die Sicherheit, die sie brauchen, um ihre Arbeit ohne Angst vor Fehlern zu erledigen. Dieses Vertrauen fördert nicht nur die Zusammenarbeit, sondern auch die individuelle Entfaltung der Teammitglieder. Sie fühlen sich als wertvoller Teil eines größeren Ganzen und sind eher bereit, Verantwortung zu übernehmen.

Was hast du als Führungskraft davon? Der Aufbau von Vertrauen schafft eine stabile Basis für alle weiteren Herausforderungen. Wenn dein Team dir vertraut, bist du in der Lage, effizienter zu führen, ohne dich ständig um Unsicherheiten oder Misstrauen kümmern zu müssen. Du kannst dich mehr auf strategische Entscheidungen konzentrieren und dein Team in schwierigen Zeiten stützen. Dieses Vertrauen in deine Führung wird langfristig auch deinen eigenen Einfluss und deine Position im Unternehmen stärken – du wirst als stabiler, kompetenter und empathischer Leader wahrgenommen, der Menschen hinter sich bringt.

Dein Call-to-Action: Verabrede dich heute zu einem lockeren Gespräch mit einem Teammitglied, in dem du es konkret fragst: „Wie kann ich dich besser unterstützen?" Höre aufmerksam zu und setze mindestens eine Idee, die du aus diesem Gespräch mitnimmst, noch in dieser Woche in die Tat um. Zeige deinem Team damit, dass du nicht nur zuhörst, sondern auch handelst.

Was sind deine Erkenntnisse bisher?

....

....

....

....

....

....

....

....

....

....

....

....

....

....

....

....

....

”

Der Mann, der den Berg abtrug, war derselbe, der anfing, kleine Steine wegzutragen.

(Konfizius)

Vibe 2: Sinnstiftung & die Kraft des Warum aktivieren

Ein zarter Morgendunst lag über der Gärtnerei, als Lucy die kleinen Steinstufen zur Haupthalle hinaufstieg. Der Tag versprach, sonnig und geschäftig zu werden, doch während die Natur um sie herum in einem harmonischen Rhythmus erwachte, spürte Lucy in sich eine Unruhe. Es war nicht das hektische Durcheinander, das sie beschäftigte, sondern vielmehr eine tiefere Frage, die in ihr wuchs. Schon als Azubi hatte sie das Gefühl gehabt, dass etwas fehlte. Damals war es nur ein unbestimmtes Empfinden gewesen, aber jetzt, als sie die Führung übernommen hatte, konnte sie es genauer benennen: Es war der Sinn, der dem Ganzen eine Richtung geben sollte.

Lucy trat hinaus auf das Gelände, wo sich das Leben der Gärtnerei bereits regte. Simon war vorne am Beet, ein paar Eimer Erde schleppend, sein Gesicht konzentriert, aber vielleicht etwas zu ernst für die frühen Morgenstunden. Momo stand nicht weit entfernt, ein Topf in der Hand, ihre Bewegungen fließend und doch ab und zu abgelenkt, als sie kurz ihr Handy checkte. Becky war hinten bei den Gewächshäusern, überprüfte routiniert die Pflanzenreihen und schnitt hier und da sorgfältig einen Ast ab. Jay begrüßte in der Zwischenzeit freundlich die ersten Stammkunden des Tages, wie er es immer tat – mit einem warmen Lächeln, das jeder Besucherin und jedem Besucher das Gefühl gab, zu Hause zu sein.

Doch so harmonisch diese Szenen auf den ersten Blick wirkten, Lucy spürte, dass die tieferen Wurzeln fehlten. Während sie zusah, wie Simon stillschweigend seiner Arbeit nachging und Momo nur halb bei der Sache war, fühlte sie, dass es an etwas Entscheidenderem mangelte. Es war nicht nur die tägliche Arbeit, die zählte, sondern die Verbindung zu einem größeren „Warum". Lucy wusste, dass, wenn sie es schaffte, dieses „Warum" für ihr Team zu klären, sie alle nicht nur effizienter, sondern auch glücklicher arbeiten würden.

Lucy entschied, dass es heute an der Zeit war, genau das anzugehen.

„Hey, Simon, Momo, Becky, Jay – kommt mal mit", rief Lucy, ihre Stimme ruhig, aber bestimmt. Sie nickte ihnen aufmunternd zu, und nach kurzem Zögern folgten ihr die vier. Gemeinsam gingen sie einen kleinen Pfad entlang, der durch die Gärtnerei führte. Die Pflanzen um sie herum waren im morgendlichen Licht lebendig, noch benetzt von den Tautropfen der Nacht. Vögel zwitscherten über ihnen, und der Duft der feuchten Erde stieg in die Luft.

Lucy führte sie in eine kleine, ruhige Ecke der Gärtnerei, fernab vom Trubel der Kunden. Hier, umgeben von Bäumen und Sträuchern, die sanft im Wind raschelten, blieb sie stehen. „Ich wollte mit euch reden", begann sie, während sie sich auf einen alten Baumstumpf setzte. Die anderen folgten ihrem Beispiel und setzten sich auf die Holzbänke und Steinblöcke in der Nähe.

„Ich habe in letzter Zeit viel nachgedacht", fuhr Lucy fort. „Wir arbeiten hart, das steht außer Frage. Aber... manchmal frage ich mich, warum wir das alles eigentlich tun. Ich meine, was bringt uns dazu, jeden Morgen hierher zu kommen und diese Arbeit zu machen?"

Simon hob den Kopf, seine Stirn leicht gerunzelt. Er stellte den Eimer ab, den er die ganze Zeit getragen hatte, und lehnte sich zurück. „Also, ich weiß, dass ich meinen Job gut mache. Die Beete ordentlich halten, die Pflanzen richtig pflegen – das ist wichtig. Aber wenn du mich fragst, warum ich es tue… naja, manchmal mache ich es einfach, weil es mein Job ist."

Momo, die sich auf einen Stein gesetzt hatte und mit einem Blatt spielte, sah Lucy nachdenklich an. „Ich mag die kreativen Sachen", sagte sie leise. „Die Stände dekorieren, die Farben zusammenstellen – das macht mir Spaß. Aber es fühlt sich oft so an, als wäre das nicht genug. Als ob... ich das nur tue, weil es von mir erwartet wird, nicht, weil es einen wirklichen Unterschied macht."

Becky, die vorsichtig an einem Ast zupfte, der über ihnen hing, nickte zustimmend. „Ich sehe das ähnlich", sagte sie in einem Ton, der sowohl Ruhe als auch Unsicherheit ausstrahlte. „Es ist schön zu sehen, wie die Pflanzen gedeihen, aber manchmal frage ich mich, ob das alles ist. Wir tun unser Bestes, aber wofür genau?"

Jay räusperte sich und schaute Lucy ruhig an, seine Hände in die Taschen seiner braunen Hose geschoben. „Ich denke oft darüber nach, warum ich immer wieder hierherkomme", sagte er leise. „Es ist nicht nur wegen der Pflanzen.

Für mich ist es die Verbindung zu den Kunden. Wenn sie hier glücklich rausgehen, weiß ich, dass ich meinen Teil dazu beigetragen habe."

Lucy ließ ihre Worte kurz wirken, bevor sie wieder das Wort ergriff. „Ich weiß, dass wir alle unsere Gründe haben, warum wir das hier machen", sagte sie, ihre Stimme nun etwas fester, aber voller Wärme. „Aber ich glaube, dass wir alle etwas Größeres brauchen, etwas, das uns verbindet. Wir müssen wissen, warum unsere Arbeit wichtig ist – nicht nur für uns, sondern für die Menschen, die hierherkommen."

Simon verschränkte die Arme, seine Stirn in Falten gelegt. „Ich weiß, dass ich die Arbeit gut mache, aber... vielleicht denke ich nicht genug darüber nach, was sie bewirkt. Es ist halt immer das Gleiche."

„Es ist mehr als das", sagte Lucy und stand langsam auf. Sie begann, langsam auf und abzugehen, ihre Hände hinter dem Rücken verschränkt. „Wenn wir hier arbeiten, schaffen wir etwas, das bleibt. Es geht nicht nur darum, Pflanzen zu pflegen. Wir schaffen einen Ort, der den Menschen etwas gibt. Vielleicht eine Pause vom Stress. Vielleicht ein Stück Natur, das sie zu Hause weiterpflegen können. Und das, was wir hier tun, hat eine tiefere Bedeutung – wir tragen dazu bei, dass Menschen glücklich sind, dass sie sich erholen können."

Momo hob den Kopf, ihre Augen wurden wacher. „Das habe ich nie so gesehen. Ich dachte immer, es geht nur darum, dass die Pflanzen hübsch aussehen. Aber wenn du es so sagst... es macht Sinn."

Becky seufzte, ihre Schultern entspannten sich. „Ich glaube, du hast recht, Lucy. Es ist nicht nur die Pflanze, die wächst. Es ist die Idee dahinter. Das Gefühl, dass wir etwas bewirken."

Jay, der bis jetzt schweigend gelauscht hatte, lächelte und nickte langsam. „Du hast es auf den Punkt gebracht, Lucy. Es geht um mehr als nur die tägliche Arbeit. Es geht darum, was wir mit unserer Arbeit hinterlassen. Und das macht es wertvoll."

Plötzlich ertönte eine tiefe, markante Stimme hinter ihnen: „Ach, das ist also deine große Idee, Lucy?"

Alle drehten sich um und sahen Herrn Nowatzki, der mit verschränkten Armen in der Nähe stand. Seine Augen funkelten kritisch. „Ich höre hier viel Gerede über Sinn und Inspiration, aber wo bleiben die Ergebnisse? Arbeit macht sich nicht von selbst, und ich sehe nicht, wie dein ‚Warum' diese Pflanzen zum Blühen bringt."

Lucy blieb stehen, drehte sich zu ihm um und hielt seinem durchdringenden Blick stand. „Herr Nowatzki, ich verstehe, dass Sie Ergebnisse wollen. Aber wenn das Team den Sinn ihrer Arbeit nicht sieht, bleiben die Ergebnisse aus. Der Grund, warum wir hier sind, ist nicht nur, Pflanzen zu verkaufen. Wir schaffen einen Ort, der den Menschen etwas gibt – und das ist langfristig der Schlüssel zum Erfolg."

„Erfolg?" knurrte Nowatzki abfällig. „Erfolg misst sich an Zahlen, an verkauften Pflanzen, an Umsatz. Wenn ich mich auf Philosophien verlassen hätte, wäre diese Gärtnerei längst pleite. Bleib bei den Fakten, Lucy. Die Kunden kommen hierher, um Pflanzen zu kaufen, nicht um inspiriert zu werden."

Lucy atmete tief ein und begegnete ihm ruhig. „Wenn wir nur auf die Zahlen schauen, vergessen wir, was die Kunden wirklich wollen. Sie kommen nicht nur wegen der Pflanzen – sie kommen wegen dem, was wir hier schaffen. Ein Ort, der sie inspiriert, ihnen einen Moment der Ruhe gibt. Und wenn wir das ‚Warum' unserer Arbeit klarer sehen, werden auch die Zahlen stimmen."

Nowatzki schüttelte den Kopf und schnaubte. „Na, dann wollen wir mal sehen, ob deine schöne Philosophie in harten Fakten aufgehen wird." Er drehte sich um und ging davon, während Lucy ruhig und entschlossen stehen blieb. Sie wusste, dass sie auf dem richtigen Weg war – auch wenn es nicht sofort sichtbar war.

Die Atmosphäre änderte sich allmählich. Die Luft fühlte sich klarer an, als ob eine neue Energie durch die Gruppe strömte. Lucy sah die kleinen Veränderungen in den Gesichtern ihrer Teammitglieder, in ihren Haltungen – die Entspannung, das Erwachen von etwas Neuem.

„Also, was meint ihr?", fragte Lucy, ihre Stimme ruhiger, aber mit einer neu gefundenen Entschlossenheit. „Wie können wir unser ‚Warum' stärker in unserer Arbeit verankern? Wie können wir jeden Tag daran denken, warum wir das hier machen und uns gegenseitig dabei unterstützen, dieses Ziel zu erreichen?"

Simon schaute auf den Eimer, den er zuvor abgestellt hatte, und dann wieder zu Lucy. „Vielleicht sollten wir uns öfter daran erinnern, warum wir das machen", sagte er langsam. „Wenn wir wissen, dass es nicht nur um das Pflanzen geht, sondern darum, etwas Positives zu schaffen, könnte das uns allen helfen."

Momo nickte. „Vielleicht könnten wir es uns irgendwie sichtbarer machen. Etwas, das uns daran erinnert, warum wir hier sind."

„Eine Art Symbol?", fragte Becky und runzelte leicht die Stirn, als sie überlegte. „Etwas, das uns zeigt, dass unsere Arbeit einen Sinn hat?"

„Genau“, sagte Lucy, ihre Augen strahlten. „Etwas, das uns daran erinnert, dass das, was wir hier tun, mehr ist als nur Arbeit. Es hat einen Sinn, und es hat einen Wert.“

Jay lächelte erneut, und diesmal war es ein warmes, ehrliches Lächeln, das seine Augen erreichte. „Ich denke, das ist eine gute Idee, Lucy. Es wird uns helfen, uns auf das Wesentliche zu konzentrieren.“

Zusammen beschlossen sie, ein besonderes Symbol zu erschaffen: Sie pflanzten gemeinsam einen Baum, der mitten im Herzen der Gärtnerei stehen würde – ein starker, langlebiger Baum, der für das Wachstum und den tiefen Sinn ihrer Arbeit stehen sollte. Der Baum würde zu einem zentralen Punkt der Gärtnerei, und jedes Mal, wenn das Team daran vorbeiging, erinnerte er sie daran, warum sie hier waren.

Vor dem Baum platzierten sie einen großen, runden Stein, in den sie die Worte einmeißelten: „Aus Wurzeln tief, wächst Freude breit.“ Dieser Satz, schlicht und doch bedeutungsvoll, sollte sie daran erinnern, dass ihre Arbeit Freude und Schönheit in die Welt brachte – sowohl für die Natur als auch für die Menschen. Zusätzlich hängten sie kleine bunte Bänder in die Äste des Baumes, jede Farbe symbolisierte ein Element ihrer Arbeit, das sie gemeinsam zum Blühen brachten.

Nach diesem langen Tag in der Gärtnerei setzte sich Simon entspannt auf das Sofa in seiner Wohnung. Die Füße hochgelegt, griff er nach dem Telefon und wählte die Nummer seines besten Freundes Paul. Das Telefon klingelte nur zweimal, bevor Paul mit einem gut gelaunten „Hey Simon, wie geht's?“ abhob.

„Hey Paul", antwortete Simon, während ein breites Grinsen über sein Gesicht huschte. „Du wirst es nicht glauben, aber wir haben heute in der Gärtnerei einen Baum gepflanzt. Nicht irgendeinen Baum, sondern einen, der uns daran erinnern soll, warum wir eigentlich jeden Tag diese Arbeit machen."

„Ein Baum? Als Symbol? Klingt irgendwie... tiefgründig", meinte Paul, und Simon konnte sich das spöttische Grinsen seines Freundes bildlich vorstellen.

„Ja, ich weiß, es klingt vielleicht komisch", sagte Simon lachend. „Aber ehrlich gesagt hat Lucy uns heute echt zum Nachdenken gebracht. Wir haben über den Sinn unserer Arbeit gesprochen. Weißt du, es geht nicht nur um das Pflanzen oder die Pflege. Wir erschaffen einen Ort, der Menschen etwas gibt – Ruhe, Freude, vielleicht sogar ein Stück Natur in ihrem Leben."

Paul klang jetzt ernsthafter. „Klingt eigentlich ziemlich cool. Ich dachte immer, du hast in der Gärtnerei nur mit Pflanzen zu tun."

„Ja, das dachte ich auch", antwortete Simon, immer noch schmunzelnd. „Aber es ist mehr als das. Wir haben heute einen Baum als Symbol gepflanzt. Der Baum steht jetzt mitten in der Gärtnerei, und jedes Mal, wenn ich daran vorbeigehe, werde ich mich daran erinnern, warum ich das alles mache. Wir haben sogar einen Spruch in einen Stein davor gemeißelt: ‚Aus Wurzeln tief, wächst Freude breit.' Ziemlich poetisch, oder?"

Paul lachte. „Das ist ja fast philosophisch! Und ich hätte nie gedacht, dass du mal so ins Schwärmen kommst."

„Ja, ich auch nicht", sagte Simon lachend. „Aber weißt du was? Es fühlt sich gut an. Irgendwie habe ich heute zum ersten Mal seit Langem das Gefühl, dass das, was wir tun, wirklich einen Unterschied macht. Nicht nur für die Pflanzen, sondern für die Leute, die hierherkommen."

Paul klang beeindruckt. „Das klingt nach einem verdammt guten Tag, mein Freund. Vielleicht solltest du mir mal diesen Baum zeigen."

„Klar, komm einfach vorbei", sagte Simon, seine Stimme nun voller Energie. „Ich zeig dir, wie man aus einer Gärtnerei mehr macht als nur einen Ort, an dem Pflanzen verkauft werden. Es geht um das Leben, um das, was wir hinterlassen."

Nachdem er aufgelegt hatte, lehnte sich Simon zurück und grinste zufrieden. Es war ein anstrengender Tag gewesen, aber er fühlte sich erfüllt. Die Gedanken an den Baum und den gemeinsamen Moment mit dem Team brachten ihn zum Schmunzeln. Morgen würde er mit einem neuen Gefühl von Sinn und Ziel an seine Arbeit gehen – und das war ein verdammt gutes Gefühl.

Lucys Erfolgstagebuch

Datum: 26. April

Worauf ich stolz bin! Ich habe es geschafft, unserem Team eine neue Perspektive zu eröffnen. Der Moment, als wir gemeinsam über das „Warum“ unserer Arbeit gesprochen haben, war wie ein frischer Wind, der uns alle erreicht hat. Besonders der Akt, den Baum zu pflanzen und den Stein mit der Inschrift „Aus Wurzeln tief, wächst Freude breit“ davor zu setzen, war nicht nur symbolisch, sondern auch ein Zeichen unseres gemeinsamen Ziels. Ich bin stolz darauf, dass ich die Energie und den Fokus des Teams auf das Wesentliche lenken konnte – darauf, was unsere Arbeit für uns und die Menschen, die zu uns kommen, wirklich bedeutet.

Was ich optimieren will: Ich habe echt gelernt, wie wichtig es ist, kontinuierlich über unsere Werte zu sprechen. Es darf nicht nur bei einem symbolischen Akt bleiben. In Zukunft werde ich darauf achten, solche Gespräche regelmäßig zu führen, damit wir nicht nur in der Routine versinken, sondern uns immer wieder daran erinnern, warum unsere Arbeit einen größeren Sinn hat. Der Baum steht jetzt als unser Symbol, aber der wahre Antrieb kommt aus den tiefen, ehrlichen Gesprächen, die uns alle verbinden.

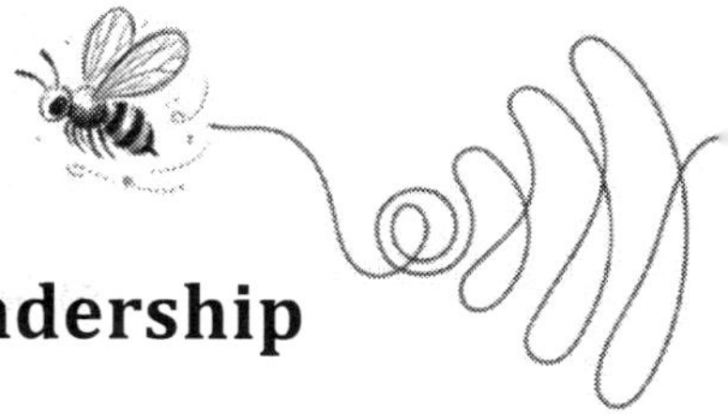

Lucys Vibes für positives Leadership

Was hat Lucy vollbracht? Lucy hat es geschafft, ihrem Team den tieferen Sinn ihrer Arbeit bewusst zu machen. Durch das Symbol des Baumes und den gemeinsam gemeißelten Spruch hat sie eine dauerhafte Erinnerung an diesen Sinn geschaffen, die das Team immer wieder inspiriert und motiviert.

Was kannst du tun? Sorge dafür, dass dein Team nicht nur weiß, was es zu tun hat, sondern auch, warum es das tut. Finde Wege, die Sinnstiftung sichtbar und greifbar zu machen. Ein Symbol, ein gemeinsames Ritual und vor allem regelmäßige Gespräche werden helfen, das Bewusstsein für die Bedeutung der Arbeit zu stärken.

Was bringt es deinem Team? Ein klares „Warum" schafft tiefe Motivation und Verbundenheit. Dein Team wird engagierter und zufriedener arbeiten, wenn es weiß, dass seine Arbeit einen tieferen Sinn hat und etwas Positives in der Welt bewirkt.

Was hast du als Führungskraft davon? Du schaffst nicht nur ein starkes Team, sondern auch eine tiefe Verbindung zwischen den Menschen und ihrer Arbeit. Teams, die einen klaren Sinn in ihrer Arbeit sehen, sind produktiver, zufriedener und langfristig erfolgreicher. Dies stärkt deine Position als visionäre und einfühlsame Führungskraft und macht Dich zu einer wertvollen Kraft im Unternehmen.

Dein Call-to-Action: Setze Dich noch heute mit deinem Team zusammen und besprecht gemeinsam, warum ihr das tut, was ihr tut. Findet ein Symbol oder ein gemeinsames Ritual, das Euch täglich daran erinnert. Pflanzt beispielsweise einen Baum oder setzt einen besonderen Gegenstand an einen zentralen Ort in Eurem Arbeitsumfeld. Macht diesen Gegenstand zu einem Symbol Eures gemeinsamen Ziels. Verbindet das Symbol mit einem kurzen, inspirierenden Spruch, den ihr gemeinsam auswählt oder gestaltet. So schafft ihr eine sichtbare und greifbare Erinnerung an den tieferen Sinn Eurer Arbeit, die Euch jeden Tag motiviert und Euer Team enger zusammenschweißt.

Was sind deine Erkenntnisse bisher?

„

Auszeichnungen sind nicht so wichtig für mich, wie wenn ein 10jähriges Kind sagt, “Ich liebe Captain Jack Sparrow!“

(Johnny Depp)

Vibe 3: Wertschätzung kultivieren – Dünger für Wachstum einbringen

Der Morgen in der Gärtnerei war wie ein Sturm. Die hektische Betriebsamkeit der ankommenden Pflanzenlieferung füllte die Luft, als das Team unermüdlich arbeitete, um die Setzlinge in die vorbereiteten Beete zu pflanzen. Jeder ging seiner Aufgabe nach, doch Lucy konnte die Spannung in der Luft spüren. Die Hektik war fast greifbar, wie ein unsichtbarer Druck, der auf jedem lastete.

Lucy stand am Rand, ihren Blick auf das Treiben gerichtet, und ihr Herz zog sich zusammen. Sie hatte das Team in den letzten Tagen beobachtet und spürte, dass etwas fehlte – etwas Grundlegendes. Es war nicht die harte Arbeit, die ihnen fehlte. Es war die Freude, die Leichtigkeit. Sie sah, wie ihre Kollegen unermüdlich arbeiteten, aber sie wirkten müde, ausgelaugt. Unter Herrn Nowatzkis harter Hand hatte es wenig Lob und kaum Anerkennung gegeben. Und Lucy erkannte nun: Das war es, was sie ändern musste.

Anerkennung. Dieses eine Wort brannte in ihrem Kopf. Es war das, was sie selbst so oft vermisst hatte, als sie sich in den Hörsälen verloren fühlte, als sie versuchte, ihren eigenen Weg zu finden. Lucy wusste, dass es für die Motivation entscheidend war. Heute würde sie den ersten Schritt in diese Richtung machen.

Mit einem tiefen Atemzug trat sie nach vorne und klatschte in die Hände, um die Aufmerksamkeit des

Teams auf sich zu lenken. Ihre Stimme war klar, doch ihr Herz pochte schneller. „Guten Morgen zusammen“, begann sie und zwang sich zu einem festen, selbstbewussten Lächeln, das ihr mehr Sicherheit gab, als sie in diesem Moment wirklich fühlte.

Langsam kamen die Teammitglieder näher, der Lärm des hektischen Morgens ließ nach. Simon, der inmitten kaputter Pflanzenkisten stand, richtete sich auf. Er wirkte erschöpft, aber neugierig. Momo, die stets am Handy hing, steckte es hastig weg und blickte zu Lucy auf. Becky und Jay traten näher, beide noch mit der Müdigkeit der frühen Stunde in den Augen, aber bereit, zuzuhören.

Lucy schluckte und spürte, wie eine Welle der Aufregung durch ihren Körper zog. „Ich wollte Euch kurz unterbrechen“, fuhr sie fort, ihre Stimme fester, „um Euch zu danken. Ich habe in den letzten Tagen beobachtet, wie hart ihr arbeitet, und ich möchte, dass ihr wisst: Das bleibt nicht unbemerkt.“

Simons Augenbrauen hoben sich, und Momo sah für einen Moment überrascht aus. Becky verschränkte die Arme, als wolle sie sich hinter einer unsichtbaren Mauer verstecken, während Jay nur stumm nickte.

Lucy machte eine kleine Pause und sah in die Gesichter ihres Teams. Sie wusste, dass dies mehr als nur Worte waren – sie waren ein Versprechen. „Ich habe das Gefühl, dass wir uns gegenseitig mehr Anerkennung schenken sollten“, sagte sie und ließ ihren Blick über die Gruppe wandern. „Es ist nicht genug, dass wir nur arbeiten. Wir müssen auch feiern, was wir gut machen. Ich bin stolz auf das, was wir hier gemeinsam schaffen.“

Ein leises Raunen ging durch die Gruppe, und Lucy spürte, wie sich die Stimmung veränderte – ein Funken, der zu etwas Größerem werden könnte. Jetzt war der Moment, wo sie sich auf das Team konzentrieren musste.

„Simon", begann sie und lächelte ihn an. „Du hast ein wahres Talent dafür, Dinge zu reparieren und in Schuss zu halten. Deine Arbeit mit den Maschinen und Werkzeugen ist wirklich beeindruckend und ein großer Gewinn für die Gärtnerei. Danke dafür."

Simons Augen weiteten sich leicht, und für einen Moment schien er sprachlos. Seine Hände, die immer etwas zitterten, ruhten nun ruhig an seiner Seite, und ein unsicheres Lächeln huschte über sein Gesicht. „Danke", murmelte er leise, als ob ihm solche Worte fremd waren.

Lucy wandte sich zu Momo um, deren Augen plötzlich glitzerten. „Momo, deine kreativen Ideen zur Gestaltung der Verkaufsstände sind unglaublich.

Unsere Kunden lieben, wie du unsere Pflanzen präsentierst. Du bringst Farbe und Leben in die Gärtnerei – mach weiter so!"

Momo grinste breit und konnte sich ein leises Lachen nicht verkneifen. Sie schob ihr buntes Haar aus dem Gesicht und sagte: „Das bedeutet mir echt viel. Danke."

Lucy spürte, wie ihr Herz aufging, als sie sich Becky zuwandte. „Becky, du achtest immer so genau auf die Qualität unserer Pflanzen. Dein Blick für Details ist unersetzlich – und das hilft uns allen, die besten Pflanzen anbieten zu können."

Becky nickte nur, aber Lucy sah, wie ihre Augen feucht wurden. Es war, als hätte sie diese Worte nie erwartet, als hätte niemand zuvor ihren Einsatz wirklich wahrgenommen.

„Und Jay“, fügte Lucy hinzu, „Du bringst so viel Ruhe und Erfahrung mit. Deine Hilfsbereitschaft und deine Art, in stressigen Situationen den Überblick zu behalten, sind unersetzlich.“

Jay lächelte schief und legte eine Hand auf seine Hüfte. „Danke, Lucy. Ich versuche, so gut es geht, zu helfen.“

Für einen Moment spürte Lucy die Verbindung. Sie spürte, dass sie das Richtige tat – dass diese Anerkennung, so einfach sie auch schien, eine tiefe Wirkung hatte. Das Team wirkte entspannter, ihre Körperhaltung weniger angespannt. Es war, als hätte sie eine unsichtbare Last von ihren Schultern genommen.

Doch wie aus dem Nichts ertönte eine raue Stimme aus dem Hintergrund. „Lob ist gut, aber Lob füttert niemanden“, rief Herr Nowatzki, der wie ein Schatten aufgetaucht war. „Ihr solltet lieber arbeiten als reden.“

Die Worte durchbrachen die aufkommende Harmonie wie ein kalter Windstoß. Die Teammitglieder zuckten zusammen, und Lucy spürte, wie die Spannung in den Raum zurückkehrte. Beckys Hand glitt unwillkürlich zu ihrem Desinfektionsspray.

Momo tippte nervös auf ihrem Handy herum, Simon starrte stumm auf den Boden, und Jay straffte die Schultern, als wolle er sich gegen den aufkommenden Druck wappnen.

Lucys Herz schlug heftig in ihrer Brust, doch sie wusste, dass dies der Moment war, in dem sie standhaft bleiben musste. Sie war die Chefin, und das war ihre Entscheidung. „Danke, Herr Nowatzki, für ihre Meinung“, sagte sie ruhig, ihre Stimme beherrscht, aber bestimmt. Sie drehte sich langsam zu ihm um, ihre Augen fest auf seinen durchdringenden Blick gerichtet. „Meiner Meinung nach gehen Anerkennung und harte Arbeit Hand in Hand. Wenn wir als Team zusammenarbeiten und uns gegenseitig unterstützen, können wir mehr erreichen.“

Herr Nowatzki schnaubte und verschränkte die Arme vor der Brust. „Reden bringt nichts“, brummte er, doch seine Stimme klang weniger sicher. „Früher haben wir die Dinge anders gemacht.“

„Früher war vieles anders“, entgegnete Lucy leise, ihre Stimme fest und mit einer Entschlossenheit, die auch sie selbst überraschte. „Doch heute ist ein neuer Tag. Und ich werde dafür sorgen, dass wir auf diesem Weg Erfolg haben.“

Herr Nowatzki warf ihr einen letzten, skeptischen Blick zu, bevor er sich umdrehte und ohne ein weiteres Wort verschwand. Lucy atmete tief durch. Die Stille war fast ohrenbetäubend, aber sie wusste, dass sie gewonnen hatte. Das war ihre Gärtnerei – und ihr Team.

Als die Sonne ihren höchsten Punkt erreichte und der Tag ruhiger wurde, nutzte Lucy die Gelegenheit, mit ihrem Team zu sprechen. Sie wollte verstehen, was sie wirklich brauchten.

Simon erzählte ihr, wie sehr es ihm gefiel, dass seine technischen Fähigkeiten endlich anerkannt wurden. „Ich habe oft das Gefühl, dass meine Arbeit im Hintergrund verschwindet“, sagte er, seine Stimme leise, aber voller Erleichterung. „Es tut gut zu wissen, dass es jemandem auffällt.“

Momo sprach über ihre Kreativität und wie sie mehr in die Gestaltung eingebunden sein wollte. „Ich habe so viele Ideen“, sagte sie begeistert. „Ich möchte, dass sie gehört werden.“

Becky erklärte ihre ständige Angst vor Krankheiten und wie schwer es für sie war, damit umzugehen. „Ich weiß, dass ich übervorsichtig bin“, gab sie zu, ihre Stimme brüchig. „Aber ich will gesund bleiben.“

Und Jay sprach über die Herausforderungen, Arbeit und Familie zu vereinbaren. „Es ist nicht immer leicht“, sagte er leise. „Aber ich gebe mein Bestes.“

Lucy hörte jedem aufmerksam zu, nahm ihre Sorgen und Wünsche auf und versprach, sie zu unterstützen. Sie wusste, dass der Weg noch lang war. Doch heute hatte sie einen ersten, wichtigen Schritt gemacht. Anerkennung, Vertrauen und Zusammenhalt – das war es, was dieses Team brauchte.

Der Abend war lau und ruhig, als Becky und ihre beste Freundin Julia auf dem Balkon saßen. Der Duft der Pizza stieg in die Luft, während die Sonne langsam am Horizont verschwand und den Himmel in sanfte Orangetöne tauchte. Becky lehnte sich in ihrem Stuhl zurück, ließ die Müdigkeit des Tages von sich abfallen und spürte, wie ein leises Lächeln über ihr Gesicht huschte.

„Also, wie war dein Tag?“, fragte Julia und musterte Becky neugierig.

Becky nahm einen Schluck Wein und seufzte zufrieden. „Es war… anders. Positiv anders. Lucy hat heute etwas gemacht, das ich so nicht erwartet hatte."

„Was denn?" Julia beugte sich vor, gespannt auf Beckys Antwort.

„Sie hat uns … naja … gelobt. Richtige Anerkennung ausgesprochen. Nicht einfach so ein ‚gute Arbeit', sondern sie hat sich wirklich die Zeit genommen, jeden von uns zu würdigen. Weißt du, ich habe nie wirklich darüber nachgedacht, wie sehr mir das gefehlt hat. Aber als sie zu mir sagte, dass meine Liebe zum Detail und die Pflege der Pflanzen wirklich einen Unterschied machen…" Becky hielt inne, ihre Augen glänzten ein wenig in der Dämmerung. „Es hat mich berührt. Es hat sich gut angefühlt."

Julia lächelte. „Das klingt wundervoll. Du hast das auch verdient. Du gibst so viel und bist immer so vorsichtig mit allem. Es ist schön zu hören, dass es mal jemand bemerkt."

Becky nickte langsam und legte ihre Hände um ihre Tasse. „Ja, ich war überrascht, wie viel es mir bedeutet hat. Ich meine, ich mache diese Arbeit schon seit Jahren, aber heute… heute habe ich mich wirklich gesehen gefühlt."

Sie erzählte weiter von Lucys Worten und wie das ganze Team sichtlich aufgeblüht war. Sie berichtete auch von Herrn Nowatzkis altmodischen Einwürfen und wie Lucy ihn mit ruhigen, festen Worten zurückgewiesen hatte. Julia lachte leise, als Becky schilderte, wie Lucy Herrn Nowatzki auf seinen Platz verwiesen hatte: „Da stand sie, ruhig, aber fest wie ein Baum. Er wollte sie einschüchtern, aber sie hat ihm einfach die Stirn geboten. Herr Nowatzki hat dann nur noch gebrummelt und ist abgezogen. Es war echt komisch, aber irgendwie auch beeindruckend."

Julia lachte schallend. „Klingt, als hätte Lucys harte Schale doch einen weichen Kern. Aber hey, sie scheint das echt gut hinzubekommen."

Becky grinste und lehnte sich entspannt zurück. „Ja, das tut sie. Ich glaube, wir können ihr wirklich vertrauen. Es fühlt sich so an, als könnte hier was Neues wachsen – nicht nur die Pflanzen, sondern auch wir als Team."

Während die Nacht heranbrach, fühlte sich Becky erfüllt und ruhig. Sie wusste, dass der Tag anstrengend gewesen war, aber das Vertrauen, das Lucy ihr und dem Team entgegengebracht hatte, gab ihr neue Energie. Die Anerkennung, die sie erhalten hatte, war wie ein Lichtstrahl in einem lange vernachlässigten Raum ihres Herzens. Und in diesem Moment, auf ihrem Balkon mit ihrer besten Freundin, konnte sie die Welt mit einem zufriedenen Lächeln betrachten. Morgen würde sie mit einem gestärkten Gefühl in die Gärtnerei zurückkehren, bereit, mit frischer Energie und neuem Elan weiterzumachen. Der Tag hatte ihr gezeigt, dass sie nicht nur eine Gärtnerin war, die Pflanzen pflegte, sondern ein wichtiger Teil eines Teams, das gemeinsam wuchs. Sie wusste, dass sie in dieser Gemeinschaft eine wertvolle Rolle spielte und dass ihre Arbeit einen echten Unterschied machte.

„Weißt du", sagte Becky nach einer Weile, als sie ihre Glas abstellte, „ich glaube, ich werde morgen mit einem Lächeln zur Arbeit gehen. Es fühlt sich an, als wären wir alle nicht mehr nur Leute einfach nur zusammenarbeiten, sondern wirklich ein Team. Und Lucy... sie hat uns gezeigt, dass wir mehr sind als nur unsere Arbeit."

Julia lächelte warm und klopfte Becky sanft auf die Schulter. „Das ist wunderbar, Becky. Es klingt, als würdet ihr dort etwas wirklich Besonderes schaffen."

Becky nickte zustimmend und genoss das leise Rauschen des Windes, das durch die Blätter auf ihrem Balkon wehte. Ja, etwas Besonderes – das war genau das richtige Wort. Und das Gefühl, Teil davon zu sein, erfüllte sie mit Stolz und Zufriedenheit.

Als die Nacht endgültig hereinbrach, wusste Becky, dass dieser Tag anders war als die Tage zuvor. Es war ein Tag gewesen, der gezeigt hatte, dass es nicht nur um die Arbeit ging, sondern darum, miteinander zu wachsen, füreinander da zu sein und die tieferen Wurzeln zu erkennen, die sie alle verbanden.

Lucys Erfolgstagebuch

Datum: 25. Mai

Worauf ich stolz bin! Ich habe einen wichtigen Meilenstein erreicht, indem ich das Team nicht nur für seine harte Arbeit gelobt, sondern auch meine Anerkennung und Wertschätzung zum Ausdruck gebracht habe. Besonders stolz bin ich darauf, dass ich das Thema Anerkennung auf den Tisch gebracht habe – etwas, das in der Vergangenheit viel zu selten vorkam. Ich habe gesehen, wie Simons Augen vor Stolz leuchteten, und auch Momo und Becky wirkten ermutigt. Es war ein Moment, in dem ich gespürt habe, dass Worte Kraft haben, wenn sie ehrlich und authentisch sind.

Diese Art von Wertschätzung werde ich in Zukunft weiter einbauen, denn sie gibt dem Team den nötigen Antrieb. Ein weiterer Erfolg war mein Umgang mit Herrn Nowatzki. Obwohl seine Einmischung die Harmonie kurz gestört hat, bin ich ruhig geblieben und habe die Situation souverän gemeistert. Das Team hat gesehen, dass ich die Kontrolle habe und die Dinge auf meine Weise angehe – ohne dabei unnötige Spannungen zu schaffen. Es hat sich gut angefühlt, die Führung auf diese Weise zu übernehmen.

Die Reaktionen des Teams haben mich wirklich berührt. Als ich Simon, Momo, Becky und Jay für ihre Arbeit lobte, konnte ich sehen, wie sich die Stimmung im Raum veränderte. Momo hat gestrahlt, Simon hat sich entspannter gezeigt, und selbst Becky, die oft eher reserviert ist, hat mich mit einem kleinen Lächeln überrascht. Diese Momente zeigen mir, wie wichtig es ist, Anerkennung nicht nur zu denken, sondern auch auszusprechen. Es stärkt das Selbstvertrauen des Teams und bringt uns näher zusammen.

Was ich optimieren will: Die Einmischung von Herrn Nowatzki hat gezeigt, dass ich schneller handeln muss, wenn seine Kommentare die Atmosphäre kippen. Obwohl ich die Situation gut gemeistert habe, werde ich künftig proaktiver sein und schon im Vorfeld solche Störungen abfangen, um die positive Energie zu schützen, die wir gerade aufbauen. Es ist wichtig, dass das Team nicht in die alten Dynamiken zurückfällt, die durch ständige Kritik geprägt waren.

Lucys Vibes für positives Leadership

Was hat Lucy vollbracht? Lucy hat heute den Grundstein für eine neue Teamkultur gelegt, indem sie die Bedeutung von Anerkennung betont und jedem im Team das Gefühl gegeben hat, wertgeschätzt zu werden. Diese neue Form der Kommunikation ist nicht nur ein Wechsel zu einem moderneren Führungsstil, sondern auch eine bewusste Entscheidung, die Dynamik zu verändern und das Team zu stärken. Gleichzeitig hat Lucy gezeigt, dass sie sich gegen alte Strukturen und den Einfluss von Herrn Nowatzki behaupten kann, ohne dabei die Harmonie zu stören. Sie hat ruhig und selbstbewusst reagiert, was ihre Autorität als neue Chefin gefestigt hat.

Was kannst du tun? Sei mutig und trau Dich, Anerkennung zu einem festen Bestandteil deiner Führungsstrategie zu machen. Oft wird unterschätzt, wie viel positive Energie durch ehrliches Lob freigesetzt werden kann. Setze Dich mit deinem Team zusammen und finde heraus, welche individuellen Stärken jeder Einzelne hat. Sprich diese Stärken gezielt an, und schaffe so eine Kultur der Wertschätzung. Gleichzeitig solltest du bereit sein, Störungen wie Kritik von außen – sei es von ehemaligen Führungskräften oder anderen – frühzeitig und ruhig zu begegnen. Zeige deinem Team, dass du die Kontrolle hast und bereit bist, es zu schützen und zu fördern.

Was bringt es deinem Team? Anerkennung und klare Kommunikation geben deinem Team das, was es braucht, um aufblühen zu können: Sicherheit und

Motivation. Dein Team wird wissen, dass seine Anstrengungen gesehen und geschätzt werden, was zu höherer Produktivität und mehr Engagement führt. Wenn sich jeder in seinem Beitrag gewürdigt fühlt, wird das Vertrauen und die Zusammenarbeit im Team gestärkt. Es entsteht ein Arbeitsumfeld, in dem sich alle wohlfühlen und sich gegenseitig unterstützen.

Was hast du als Führungskraft davon? Indem du Anerkennung in deine Führungsstrategie einbindest, gewinnst du nicht nur das Vertrauen deines Teams, sondern auch dessen Loyalität. Deine Position als Führungskraft wird durch klare, positive Kommunikation gestärkt, und du baust eine Kultur auf, die von Respekt und Unterstützung geprägt ist. Dies gibt Dir auch in Zukunft starke Argumente, sei es in Verhandlungen mit dem Team oder in Gesprächen mit deiner eigenen Führungskraft. Du zeigst, dass du in der Lage bist, nicht nur Ziele zu setzen, sondern dein Team auch erfolgreich und motivierend zu führen.

Dein Call-to-Action: Nimm Dir schon morgen früh vor Arbeitsbeginn zehn Minuten Zeit, um ein kurzes Teammeeting einzuberufen. Verwende diese Gelegenheit, um gezielt Lob und Anerkennung auszusprechen. Überlege Dir vorab, welche konkreten Leistungen oder positiven Verhaltensweisen jedes Teammitglied in den letzten Tagen gezeigt hat, und notiere Dir dazu stichpunktartig deine Gedanken. Beginne das Meeting, indem du erklärst, warum du das Lob aussprichst: „Ich möchte mir heute bewusst die Zeit nehmen, euch für das zu danken, was ihr in den letzten Tagen geleistet habt. Es ist mir wichtig, dass jeder von euch weiß, dass ich eure Arbeit sehe und schätze." Anschließend sprichst du für jedes Teammitglied gezielt eine Anerkennung aus. Wichtig ist dabei, dass du konkret bist: „Simon, ich habe gesehen, wie du die defekten Werkzeuge repariert hast. Es mag wie eine Kleinigkeit wirken, aber du hältst damit unseren Betrieb am Laufen. Deine Sorgfalt sorgt dafür, dass wir alle effizienter arbeiten können. Vielen Dank dafür." Oder: „Momo, deine kreativen Ideen zur Gestaltung unserer Verkaufsstände sind der Grund, warum wir bei den Kunden so gut ankommen. Du bringst Farbe und Leben in die Gärtnerei – das ist unglaublich wertvoll!" Schaue jedem dabei direkt in die Augen, damit die Worte ehrlich und persönlich wirken. Du wirst sehen, wie diese kleine Geste das Team ermutigt und die Stimmung hebt. Beende das Meeting mit der klaren Botschaft, dass ihr gemeinsam Großes erreichen könnt, wenn jeder weiterhin seine Stärken einbringt und sich unterstützt fühlt. Dies wird nicht nur die Motivation stärken, sondern auch das Vertrauen in deine Führung und in die Zusammenarbeit innerhalb des Teams. Am Ende des Tages kannst du Dir einen kurzen Moment nehmen, um das Feedback deiner Teammitglieder zu reflektieren – oder sie sogar nach ihren Gedanken fragen. Es wird spannend sein zu sehen, wie diese kleine Maßnahme einen sofortigen positiven Effekt auf die Dynamik im Team haben kann.

Was sind deine Erkenntnisse bisher?

”

Es gibt nur zwei Tage im Jahr, an denen man nichts tun kann: Der eine ist gestern und der andere morgen.

(Dalai Lama)

Vibe 4: Starke Stämme – Resilienz aufbauen & Leistung entfalten

Die Sonne brannte unbarmherzig auf die Gärtnerei nieder. Der Staub, der in der heißen Luft schwebte, legte sich auf Lucys Haut, als sie durch das Tor trat. Die neue Lieferung exotischer Pflanzen – ihre Entscheidung, ihre Verantwortung – stand jetzt vor ihr, wie eine riesige, schimmernde Herausforderung. Mit jedem Schritt Richtung Büro wurde ihr Herzschlag schneller, und die Last der Verantwortung drückte schwer auf ihre Schultern. War das wirklich der richtige Schritt? Der Zweifel nagte an ihr.

Im Büro erwartete sie bereits Herr Nowatzki. Er stand regungslos vor der Tafel, auf der die Tagesaufgaben aufgelistet waren, die Arme verschränkt, seine Haltung steif und abweisend. Als Lucy eintrat, drehte er den Kopf nur leicht zur Seite, ohne sie direkt anzusehen.

„Exotische Pflanzen, Lucy?" Er ließ die Worte langsam und schwer in den Raum fallen, seine Stimme kühl und abwertend. „Das ist ein riskanter Schritt. Vielleicht zu riskant. Wir sollten uns auf das konzentrieren, was wir gut können." Er sprach, als sei jede ihrer Entscheidungen ein Fehler, sein Blick scharf wie ein Messer, das sie durchdrang.

Lucy spürte, wie ihre Hände kalt wurden, obwohl die Hitze draußen fast unerträglich war. Ein Kloß bildete sich in ihrer Kehle, aber sie zwang sich, ruhig zu bleiben. Nicht jetzt nachgeben. Sie richtete sich auf, hob das Kinn ein wenig und begegnete seinem Blick, auch wenn ihre Beine unter ihr zitterten. „Ich verstehe Ihre Bedenken, Herr Nowatzki," begann sie, ihre Stimme ruhig, obwohl ihr Herz raste, „aber ich sehe in diesen Pflanzen eine große Chance. Sie könnten uns neue Kunden bringen und frischen Wind in die Gärtnerei. Manchmal muss man Risiken eingehen, um zu wachsen."

Ihre Stimme klang fest, aber innerlich kämpfte sie mit den Zweifel. Hoffentlich habe ich recht. Die Stille nach ihren Worten war erdrückend. Herr Nowatzki rührte sich nicht, er beobachtete sie weiterhin mit lauernden und zusammengekniffenen Augen. Dann schüttelte er den Kopf, seine Lippen zu einem dünnen Strich verzogen. „Risiken können einem auch den Hals brechen, Mädchen. Denk daran." Ohne ein weiteres Wort drehte er sich um und verließ das Büro, seine Schritte hallten schwer durch den Raum, wie das Echo ihrer eigenen Unsicherheit.

Lucy blieb allein zurück. Ihre Hände ballten sich unbewusst zu Fäusten, während sie versuchte, die aufkommende Panik niederzuringen.

Du kannst das. Bleib stark. Das Team braucht dich. Sie atmete tief durch, hob den Kopf und machte sich auf den Weg nach draußen zu ihrem Team.

Draußen in der Gärtnerei herrschte eine geschäftige Ruhe. Momo saß auf einem Haufen Säcke, das Handy in der Hand, ihre bunten Haare fielen ihr lässig ins Gesicht. Simon arbeitete konzentriert an einer defekten Schubkarre, seine Hände mit Öl beschmiert, während

Becky die neuen exotischen Pflanzen mit prüfenden Augen betrachtete. Jay stand mit verschränkten Armen daneben, seine Stirn in Falten gelegt.

„Okay, Leute!" Lucys Stimme war fest, aber in ihr tobte der innere Sturm. Alle Köpfe drehten sich zu ihr. „Die neuen Pflanzen sind da, und wir haben heute eine große Aufgabe vor uns. Wir müssen vorsichtig sein – sie sind empfindlich und brauchen besondere Pflege. Aber ich weiß, dass wir das zusammen schaffen." Ihre Worte klangen zuversichtlich, aber tief in ihrem Inneren spürte sie die Unsicherheit. Kann ich wirklich das Vertrauen meines Teams gewinnen?

Momo sprang auf, ihr Gesicht leuchtete vor Begeisterung. „Exotische Pflanzen? Super! Vielleicht können wir den Verkaufsstand bunter gestalten, mit tropischen Farben und ein paar coolen Deko-Elementen? Ich habe da schon ein paar Ideen!" Ihre Hände wirbelten in der Luft, während sie sprach, und ihr Enthusiasmus schien für einen Moment die Spannung in der Luft zu vertreiben.

Lucys Lippen zuckten zu einem Lächeln. „Genau das, Momo. Ich möchte, dass du deine Kreativität einbringst." Ihre Stimme war sanft, aber sie fühlte, wie sich ein kleiner Knoten in ihrem Magen löste.

Simon stand langsam auf, wischte sich die ölverschmierten Hände an seiner Hose ab und trat vor.

„Ich sorge dafür, dass wirklich alle Werkzeuge und Ausrüstungen bereitstehen. Diese Pflanzen sind wahrscheinlich ziemlich empfindlich, wir sollten vorsichtig sein.“

„Perfekt, Simon,“ antwortete Lucy, während sie versuchte, ihre Stimme ruhig zu halten. „Deine Sorgfalt ist heute besonders wichtig.“ Sie spürte die Erleichterung, dass Simon so verlässlich war, doch die Anspannung ließ sie nicht los.

Becky trat vor, das Desinfektionsspray bereits griffbereit. „Exotische Pflanzen... die könnten Krankheiten einschleppen. Wir müssen sicherstellen, dass nichts Unvorhergesehenes passiert.“ Ihre Augen fixierten Lucy scharf, als wollte sie sehen, ob ihre Chefin diese Sorge ernst nahm.

„Das ist ein wichtiger Punkt, Becky,“ sagte Lucy, während sie unbewusst einen Schritt nach vorne machte und sich neben Becky stellte. „Ich zähle auf dich, dass du ein wachsames Auge auf die Pflanzen hast.“

Plötzlich blieb Becky stehen, ihre Augen verengten sich, als sie eines der Blätter betrachtete. „Lucy... das hier sieht nicht gut aus.“ Ihre Stimme war leise, aber die Spannung darin war spürbar. Sie zeigte auf das Blatt eines der exotischen Pflanzen – ein dunkler, unregelmäßiger Fleck prangte darauf.

Lucys Herz setzte einen Moment aus. Nein. Nicht das. Nicht jetzt. Die Panik kroch wie ein kalter Schatten durch ihre Gedanken, aber sie zwang sich zur Ruhe. „Lass mich sehen,“ sagte sie, ihre Stimme ein wenig rau. Sie trat näher, beugte sich über das Blatt und betrachtete die Flecken. Ihr Magen drehte sich um. Ein Pilzbefall.

„Das ist ein Pilz,“ murmelte sie, während ihre Gedanken wild kreisten. Was, wenn wir das nicht rechtzeitig in den Griff bekommen? Doch bevor sie weiter nachdenken konnte, erklang plötzlich eine harsche Stimme hinter ihr.

„Ich hab's doch gesagt!" Herr Nowatzki war wieder da, seine Stimme dröhnte über den Platz, und seine Augen funkelten vor Genugtuung. „Diese Exoten bringen nichts als Ärger. Am besten, wir werden sie sofort los, bevor sie den Rest der Gärtnerei ruinieren."

Lucys Hände verkrampften sich, ihr Atem stockte. Alles in ihr wollte nachgeben, wollte die Pflanzen aufgeben und dem Druck nachgeben. Was, wenn er recht hat? Was, wenn ich alles aufs Spiel setze? Doch sie zwang sich, ruhig zu bleiben. Das ist meine Verantwortung. Ich darf jetzt nicht schwach werden.

„Wir sollten nichts überstürzen," sagte sie schließlich, ihre Stimme ruhiger, als sie sich fühlte. „Simon, nimm ein paar Blätter und untersuche sie im Büro. Wir müssen sicher sein, bevor wir eine Entscheidung treffen." Sie spürte, wie die Augen des Teams auf ihr ruhten. Sie durften ihre Unsicherheit nicht sehen. Bleib stark.

Simon nickte und verschwand mit schnellen Schritten im Büro. Die Minuten, die vergingen, fühlten sich an wie Stunden. Lucy stand still, ihre Augen fest auf die Pflanzen gerichtet, aber ihr Geist war in einem Strudel von Ängsten gefangen. Was, wenn das der Anfang vom Ende ist? Was, wenn wir den Pilz nicht stoppen können? Die Hitze schien immer unerträglicher zu werden, als ob die Luft selbst sie erdrücken wollte.

Momo trat nervös von einem Fuß auf den anderen, während Becky mit zusammengepressten Lippen auf die Pflanzen starrte. Jay sagte nichts, aber sein Blick wanderte immer wieder zu Lucy, als wollte er sie abschätzen. Sie warten auf mich. Sie vertrauen auf mich.

Nach einer gefühlten Ewigkeit öffnete sich die Tür des Büros und Simon trat heraus. Er hielt ein Buch in der Hand und trat langsam auf Lucy zu. Sein Gesicht war ernst, doch in seinen Augen lag ein Hauch von Erleichterung.

„Es ist nur ein leichter Pilzbefall," sagte er schließlich. „Wir haben das Mittel dafür hier."

Lucys Schultern sanken, als die Spannung von ihr abfiel. Sie schloss für einen Moment die Augen und atmete tief durch. Danke. „Gut gemacht, Simon," sagte sie leise, doch ihre Stimme war fest. „Becky, bereite bitte sofort das Mittel vor."

Becky nickte, und die Bewegung in der Gärtnerei nahm wieder Fahrt auf. Die Pflanzen wurden behandelt, und die Unruhe legte sich allmählich. Lucy beobachtete ihr Team, wie es konzentriert arbeitete, und spürte, wie der Knoten in ihrem Magen sich langsam löste. Sie hatten es geschafft – sie alle gemeinsam.

Die Sonne neigte sich allmählich dem Horizont entgegen, doch der Tag in der Gärtnerei war noch lange nicht vorbei. Nachdem Simon den Pilzbefall identifiziert und Becky die Pflanzen behandelt hatte, kehrte allmählich wieder Leben und Routine in den Arbeitsfluss zurück. Lucy war jedoch noch immer angespannt. Wie würden die Kunden auf die exotischen Pflanzen reagieren? Sie wusste, dass dieser Tag entscheidend für die Zukunft der Gärtnerei sein würde.

Jay, der die Idee mit den Stammkunden eingebracht hatte, stand neben Lucy und beobachtete die neuen Pflanzen, die jetzt ordentlich auf den Präsentationsflächen drapiert waren. „Denkst du, sie werden sie mögen?" fragte er in seinem typisch ruhigen Ton, wobei er leicht seinen Hut nach hinten schob.

Lucy sah ihn an und versuchte zu lächeln. „Ich hoffe es," antwortete sie, doch die Nervosität war noch immer nicht ganz verschwunden. Ihre Hände spielten unruhig mit einem Blatt, das sie von einer der Pflanzen gepflückt hatte. Es muss funktionieren, dachte sie bei sich. Wir haben alles gegeben.

Die ersten Kunden tauchten auf, neugierig auf die neuen Pflanzen. Einige blieben interessiert stehen, schauten sich um, doch keiner griff sofort zu. Lucys Herz begann wieder schneller zu schlagen. Was, wenn sie kein Interesse haben?

Doch dann trat eine junge Frau, die häufig hier einkaufte, an einen der Stände heran. Ihre Augen leuchteten auf, als sie eine der exotischen Pflanzen in die Hand nahm und ihre bunten Blüten betrachtete. „Wow, die sind ja wunderschön! Wo habt ihr die her?" Ihre Stimme war voller Begeisterung, und Lucy spürte, wie eine Welle der Erleichterung durch ihren Körper strömte.

„Die sind ganz neu im Sortiment," antwortete Lucy mit einem Lächeln, das nun echt war. „Sie kommen aus einer Spezialzucht. Wir wollten etwas Besonderes anbieten."

Weitere Kunden näherten sich, fragten nach Details zu den Pflanzen, berührten sie vorsichtig und stellten Fragen zu ihrer Pflege. Lucy und das Team gaben bereitwillig Auskunft, erklärten, wie viel Sonnenlicht und Wasser die Exoten brauchten, und halfen bei der Auswahl.

Momo, die sich zuvor noch unsicher gewirkt hatte, stand jetzt voller Energie an einem der Verkaufsstände und dekorierte die Pflanzen mit ihren tropischen Farben und Elementen, die sie sich ausgedacht hatte. „Hier, sehen Sie," sagte sie zu einem älteren Paar, das neugierig auf die Pflanzen blickte. „Diese Dekoration bringt die Farben der Blüten noch mehr zur Geltung. Ein echter Hingucker für Ihren Garten."

Das Paar nickte begeistert, und bald gingen sie mit zwei schönen Pflanzen davon. Momo strahlte Lucy an. „Ich wusste ja, dass es klappt!" rief sie freudig, ihre Hände gestikulierten wild, während sie mit den Kunden sprach.

Auch Simon kam zur Ruhe. Nachdem er den technischen Teil mit den Werkzeugen abgeschlossen hatte, half er, die Pflanzen für die Kunden vorzubereiten, verpackte sie vorsichtig und erklärte ihnen die wichtigsten Pflegemaßnahmen. Seine Hände, die zuvor noch zitternd und nervös waren, bewegten sich jetzt ruhig und präzise.

„Die Leute scheinen sie zu mögen," sagte er, als er Lucy einen kurzen Blick zuwarf, und in seiner Stimme schwang eine Erleichterung mit, die Lucy sich nicht entgehen ließ.

Lucy nickte. „Ja, ich glaube, wir haben es geschafft." Sie sah sich um, die Gärtnerei war erfüllt von den leisen Stimmen der Kunden, die Pflanzen auswählten, und dem sanften Rascheln der Blätter im leichten Abendwind. Die Spannung, die den ganzen Tag über wie eine schwere Decke auf ihnen gelegen hatte, begann sich endlich zu lösen. Lucy atmete tief durch und spürte, wie das Gewicht der Verantwortung langsam von ihren Schultern fiel.

Als die letzten Kunden den Hof verließen, versammelte Lucy das Team ein letztes Mal. „Ihr habt heute großartige Arbeit geleistet," sagte sie, ihre Stimme warm und voller Dankbarkeit. „Es war ein harter Tag, aber wir haben ihn gemeinsam gemeistert. Ich bin wirklich stolz auf euch." Sie sah in die Gesichter ihrer Teammitglieder, und zum ersten Mal an diesem Tag sah sie dort nur Zufriedenheit und Stolz.

Jay lächelte müde und schob seinen Hut leicht nach hinten. „Man kann wohl sagen, dass wir das gut über die Bühne gebracht haben." Er klopfte Simon auf die Schulter. „Vor allem dank deiner schnellen Reaktion, Junge."

Simon nickte, seine Lippen verzogen sich zu einem kleinen Lächeln. „Es war ein Team-Effort," sagte er leise, aber Lucy konnte sehen, dass er sich über Jays Lob freute.

Jay saß in dem alten, bequemen Autositz, als seine Frau ihn vom Parkplatz der Gärtnerei abholte. Die Spuren des langen Arbeitstages waren in seinen müden Augen und dem leichten Knacken seiner Gelenke zu spüren, als er sich in das Auto setzte. Doch trotz der körperlichen

Erschöpfung war da dieses kleine Lächeln auf seinen Lippen das seine Frau sofort bemerkte.

„Na, Schatz", begann sie mit einem neugierigen Blick, während sie den Motor startete. „Was hat dir heute so ein Lächeln aufs Gesicht gezaubert? War der Tag nicht anstrengend?"

Jay lehnte sich zurück, schob seinen Hut leicht nach hinten und ließ die Hände locker auf seinen Knien ruhen. „Ach, der Tag war schon hart", begann er langsam, während er die vorbeiziehenden Bäume durch das Autofenster betrachtete. „Aber irgendwie auch anders... weißt du, irgendwie... gut."

Seine Frau warf ihm einen überraschten Seitenblick zu. „Anders gut? Erzähl mal."

Jay zog eine Grimasse, bevor er sanft lachte. „Also, zuerst gab es natürlich Stress mit den neuen exotischen Pflanzen, die Lucy bestellt hat. Herr Nowatzki war mal wieder in Hochform und hat die Sache ordentlich schlechtgeredet." Er schüttelte leicht den Kopf, als er sich daran erinnerte. „Der alte Mann... er meint es ja gut, aber er kann einem schon auf die Nerven gehen."

Seine Frau grinste und nickte verständnisvoll. „Ja, das klingt nach ihm. Und Lucy?"

„Lucy?" Jay lehnte sich etwas nach vorne, sein Ton wurde ein wenig ernster, aber da lag auch Stolz in seiner Stimme. „Sie hat sich echt gut geschlagen. Hat die Ruhe bewahrt, als die ersten Anzeichen von Krankheiten auf den Pflanzen auftauchten. Aber was mich beeindruckt hat, war, wie sie uns alle eingebunden hat. Jeder von uns hatte seine Rolle, und am Ende haben wir das Problem zusammen gelöst. Sie hat sogar Herrn Nowatzki in die Schranken gewiesen, auf ihre eigene ruhige Art."

Er lachte kurz und sah seine Frau an. „Ich muss sagen, ich hatte einen Moment, da dachte ich: 'Na, mal sehen, wie sie das meistert.' Aber sie hat's echt drauf. Nicht laut oder autoritär, sondern... ich weiß nicht, einfach jemand, dem man gerne folgt."

Seine Frau schmunzelte und bog in die Straße ein, die zum Kino führte. „Klingt so, als wäre sie eine gute Chefin. Und wie geht's dem Team damit?"

Jay nickte nachdenklich. „Weißt du, es gibt diese Momente, wo du merkst, dass du mit den richtigen Leuten zusammenarbeitest. Simon, Momo, Becky... wir sind alle so verschieden, aber heute hatte ich das Gefühl, dass wir uns gefunden haben. Jeder hat seinen Teil beigetragen, und das hat uns irgendwie... zusammengeschweißt."

Er atmete tief ein und lehnte sich wieder zurück. „Es war ein harter Tag, aber auch einer, der mir gezeigt hat, warum ich das hier mache. Es geht nicht nur um die Arbeit, sondern um die Menschen, mit denen ich diese Arbeit teile."

Seine Frau hielt das Auto vor dem Kino an und sah ihn mit einem liebevollen Lächeln an. „Das klingt nach einem wirklich guten Tag, Jay."

Er nickte und griff nach ihrer Hand, bevor er aus dem Auto stieg. „Ja, das war er. Und jetzt? Jetzt freue ich mich auf ein bisschen Entspannung mit dir im Kino. Mal sehen, ob der Film auch so gut ist wie mein Tag."

Währenddessen, ein paar Kilometer entfernt, saß Simon schon auf der Couch in seiner kleinen Wohnung und hielt sein Handy in der Hand. Er wählte die Nummer von Bruno, seinem Freund, und wartete, bis die vertraute Stimme am anderen Ende der Leitung erklang.

„Hey Simon, wie war dein Tag?" fragte Bruno sofort, mit der Wärme, die Simon immer beruhigte.

Simon atmete tief ein, dann ließ er sich in die Kissen fallen. „Puh, es war... intensiv," begann er, seine Stimme müde, aber auch voller Erleichterung. „Wir hatten eine Lieferung exotischer Pflanzen, und direkt gab es Probleme. Pilzbefall, Skepsis von allen Seiten, Stress pur."

„Klingt nach einem harten Tag," sagte Bruno, doch Simon hörte das Lächeln in seiner Stimme. „Aber wenn du mir jetzt davon erzählst, klingt es so, als hättest du es gut gemeistert."

Simon schnaubte leicht, ein Lächeln auf seinen Lippen. „Ja, am Ende haben wir es wirklich gut hinbekommen. Lucy hat uns gut geführt, und das Team... wir haben uns irgendwie zusammengefunden. Es war ein gutes Gefühl, zu sehen, dass wir das gemeinsam geschafft haben."

„Ich bin stolz auf dich," sagte Bruno sanft. „Klingt, als ob ihr heute echt was erreicht habt."

Simon nickte, obwohl Bruno es nicht sehen konnte. „Ja, das haben wir. Aber ich bin froh, dass der Tag vorbei ist. Jetzt will ich nur noch entspannen."

„Das hast du dir verdient," erwiderte Bruno, und Simon spürte, wie die letzten Reste der Anspannung von ihm abfielen. Es war ein langer Tag gewesen, aber am Ende hatte er das Gefühl, etwas Wertvolles geschafft zu haben – gemeinsam mit seinem Team.

Lucys Erfolgstagebuch

Datum: 3. Juni

Worauf ich stolz bin! Wir haben eine große Herausforderung gemeistert. Die Entscheidung, exotische Pflanzen zu bestellen, war riskant, und Herrn Nowatzkis Skepsis machte es nicht leichter. Doch ich habe es geschafft, ruhig zu bleiben, als der Pilzbefall entdeckt wurde. Wir haben gemeinsam als Team eine Lösung gefunden und die Situation gerettet.

Besonders stolz bin ich darauf, dass wir nicht in Panik verfallen sind. Diese Ruhe hat das Team zusammengehalten und uns geholfen, die richtige Entscheidung zu treffen. Es war großartig zu sehen, wie jeder seine Stärken eingebracht hat. Simon war sofort bereit, nach einer Lösung zu suchen, und Momo brachte ihre Kreativität ein. Jay hatte die brillante Idee, unsere Kunden einzuladen, und Becky hielt wie immer ein wachsames Auge auf die Gesundheit der Pflanzen. Wir haben als Team zusammengearbeitet und das Ergebnis spricht für sich: Die Kunden waren begeistert von den neuen Pflanzen.

Was ich optimieren will: Herrn Nowatzkis Einmischung hat das Team kurz verunsichert. Ich habe gelernt, dass ich schneller handeln und klarer kommunizieren muss, um negative Einflüsse abzufedern. Beim nächsten Mal werde ich von Anfang an sicherstellen, dass das Team Vertrauen in unsere Entscheidungen hat und sich nicht von Zweifeln beeinflussen lässt.

Lucys Vibes für positives Leadership

Was hat Lucy vollbracht? Lucy hat trotz der anfänglichen Schwierigkeiten die Ruhe bewahrt und ihr Team erfolgreich durch eine stressige und unvorhersehbare Situation geführt. Sie hat gezeigt, wie wichtig es ist, in Krisenmomenten einen kühlen Kopf zu bewahren und dem Team Vertrauen zu schenken. Durch klare Kommunikation und gezielte Aufgabenverteilung hat sie Resilienz aufgebaut und die Herausforderung gemeistert.

Was kannst du tun? Wenn du vor einer Herausforderung stehst, nimm dir einen Moment Zeit, um ruhig zu bleiben und die Situation klar zu analysieren. Teile die Aufgaben gezielt auf und nutze die Stärken deines Teams. Zeige Vertrauen in ihre Fähigkeiten und ermutige sie, gemeinsam nach Lösungen zu suchen. Achte darauf, dass jede Stimme gehört wird und jede Idee zählt.

Was bringt es deinem Team? Durch gemeinsames Arbeiten an einem Problem wird das Team stärker und widerstandsfähiger. Jeder fühlt sich als Teil des Erfolgs und ist motiviert, auch in Zukunft Herausforderungen zu meistern. Das Vertrauen in die eigenen Fähigkeiten und in die Führungskraft wächst, was die Zusammenarbeit und die Leistung insgesamt fördert.

Was hast du als Führungskraft davon? Du wirst als vertrauensvolle und vor allem souveräne Führungskraft wahrgenommen, die auch in schwierigen Momenten einen kühlen Kopf bewahrt. Dein Team wird dir folgen und dich respektieren, weil du zeigst, dass du auf ihre Fähigkeiten vertraust und sie als echte Führungsperson durch jede Herausforderung führst.

Dein Call-to-Action: Wenn du das nächste Mal vor einer Herausforderung stehst, handle sofort. Rufe dein Team zusammen und erkläre in klaren, einfachen Worten, was das Problem ist und warum es wichtig ist, eine Lösung zu finden. Verteile die Aufgaben so, dass jeder seine Stärken einbringen kann. Wenn es etwa um technische Probleme geht, übertrage die Verantwortung an denjenigen, der sich damit auskennt – wie Simon in dieser Geschichte. Lass jemanden wie Becky, die ein Auge für Details hat, die betroffenen Pflanzen im Blick behalten. Bleibe ruhig, auch wenn die Situation angespannt ist, und strahle Zuversicht aus. Sollte jemand – wie Herr Nowatzki – Zweifel oder Kritik äußern, erkläre ruhig und bestimmt, warum du den aktuellen Weg für richtig hältst. Es ist wichtig, dass dein Team spürt, dass du die Kontrolle behältst. Sobald ihr die Lösung gefunden habt, nimm Dir die Zeit, jedem Einzelnen sofort Anerkennung zu geben. Sag konkret, was jeder gut gemacht hat. „Becky, dein wachsames Auge hat uns früh auf das Problem aufmerksam gemacht" oder „Simon, deine schnelle Recherche hat die Lösung gebracht." Diese direkte Anerkennung motiviert dein Team und stärkt den Zusammenhalt. Fang gleich beim nächsten Problem damit an, und du wirst sehen, wie sehr diese Methode das Team zusammenschweißt und die Leistung fördert.

"

Du bist, was du glaubst.

(Oprah Winfrey)

Vibe 5: Eigenes Beet pflegen & Selbstwirksamkeit kultivieren

Eine ungewöhnliche Ruhe lag über dem Morgen. Als Lucy das Büro betrat, sah sie Becky, die vor einer Gruppe von Pflanzen stand. Ihre Schultern hingen, der Blick war leer. Becky drehte eine Pflanze in ihren Händen, als würde sie nach etwas suchen, doch Lucy erkannte, dass es nicht die Pflanze war, sondern Becky selbst, die sich verloren fühlte.

Lucy spürte sofort, dass etwas nicht stimmte. Sie trat vorsichtig zu Becky und legte ihr sanft die Hand auf die Schulter. „Becky," begann Lucy ruhig, „lass uns kurz reden."

Becky nickte mechanisch und ließ die Pflanze sinken. Ihre Augen waren müde, als sie sich zu Lucy drehte. Lucy führte sie beiseite, weg von den anderen, zu einem schattigen Platz unter einem Baum. Sie setzte sich neben Becky, ihre Besorgnis war spürbar. Es war nicht das erste Mal, dass Becky erschöpft wirkte, aber diesmal war es anders. Sie sah aus, als hätte sie jede Motivation verloren.

„Was ist los?" fragte Lucy sanft, um Becky nicht zu überfordern.

Becky zögerte, bevor sie schließlich sagte: „Ich weiß einfach nicht mehr, warum ich das mache. Jeden Tag ist es dasselbe. Ich pflege die Pflanzen, kämpfe gegen die Schädlinge, aber am nächsten Tag beginnt alles von vorn. Es fühlt sich an, als ob nichts von dem, was ich tue, wirklich zählt."

Lucy spürte die tiefere Bedeutung in Beckys Worten. Hier ging es nicht nur um die tägliche Arbeit, sondern um das Gefühl, die Kontrolle zu verlieren, keinen Einfluss mehr zu haben. Becky fühlte sich machtlos, als ob sie keinen Unterschied machen könnte – eine Gefahr, die in jedem Team lauert. Ohne das Gefühl der Selbstwirksamkeit schwindet jede Motivation.

Lucy blickte nachdenklich auf die Pflanzen und fühlte plötzlich die Erinnerung an ihre eigene Vergangenheit hochkommen. Es war noch nicht so lange her, dass sie selbst an einem ähnlichen Punkt gestanden hatte. Damals, als sie ihr Jurastudium abgebrochen hatte, weil sie sich genauso wie Becky fühlte – machtlos, verloren. Die ständigen Prüfungen, das Lernen, das sich nie wirklich zu lohnen schien. Sie hatte sich, wie Becky jetzt, immer weitergedreht, ohne voranzukommen. Es war dieser Moment gewesen, als sie sich eingestehen musste, dass der Weg, den sie eingeschlagen hatte, nicht der richtige für sie war. Sie hatte versagt – so fühlte es sich zumindest an. Sie hatte das Studium abgebrochen und sich hilflos gefühlt, als ob ihr Leben in eine Sackgasse geraten wäre.

Doch dann hatte sie gelernt, dass es nicht um den Weg ging, den sie verließ, sondern um den, den sie danach wählte. Sie hatte den Mut gefasst, einen anderen Pfad einzuschlagen. In die Gärtnerei einzutreten, war nicht einfach nur eine berufliche Entscheidung gewesen, es war der Beginn, sich wieder als Schöpferin ihres Lebens zu sehen. Sie hatte damals begonnen, sich kleine Ziele zu setzen. Jeden Tag ein kleiner Erfolg. Jeder Schritt in der Gärtnerei war ein Sieg über das Gefühl der Hilflosigkeit, das sie aus dem Studium mitgenommen hatte. Das Wissen, dass sie selbst in der Lage war, ihre Situation zu verändern, hatte sie zurück zu sich selbst geführt.

„Becky," sagte Lucy sanft, „ich weiß, dass es sich so anfühlt, als ob du feststeckst. Aber ich war auch einmal an diesem Punkt. Ich habe mein Studium abgebrochen, weil ich dachte, dass ich nichts wirklich erreichen kann. Ich war genauso müde und ausgelaugt, wie du jetzt. Aber ich habe gelernt, dass es nicht darum geht, immer alles zu schaffen. Es geht darum, die Kontrolle über das eigene Leben zurückzugewinnen – einen Schritt nach dem anderen. Du hast die Fähigkeit, Dinge zu verändern, du musst nur wieder daran glauben."

Becky sah sie an, ein Funke von Hoffnung blitzte in ihren Augen auf. „Meinst du wirklich, dass ich etwas verändern kann? Dass das hier einen Unterschied macht?"

„Ja," antwortete Lucy entschlossen. „Ich bin fest davon überzeugt, dass jeder von uns in der Lage ist, die Dinge zu verändern, wenn wir die Kontrolle übernehmen. Wir müssen uns nicht als Opfer der Umstände sehen. Du hast die Macht, deinen Erfolg selbst zu gestalten. Und das will ich dir zeigen."

Lucy erhob sich und ging über den Hof. Während sie ging, beobachtete sie das Team. Simon wirkte müde, seine Bewegungen waren langsam, mechanisch. Momo starrte gedankenverloren auf ihr Handy, und Jay lächelte müde bei der Arbeit mit einem Kunden – aber auch sein Lächeln war leer, ohne echte Freude.

Lucy sah, dass das Problem tief im Team verankert war. Sie hatten das Gefühl verloren, dass ihre Arbeit einen direkten Einfluss auf ihr Leben hatte. Es war keine Frage des Sinns mehr – es ging darum, das Vertrauen in die eigene Fähigkeit zurückzugewinnen, Dinge zu bewältigen und erfolgreich zu sein. Sie wollte ihrem Team zeigen, dass sie nicht Opfer ihrer Umstände waren, sondern Akteure, die ihre Umgebung formen konnten.

„Okay, Team!" rief Lucy mit fester Stimme. Ihre Entschlossenheit klang durch den gesamten Hof, und die Mitarbeiterinnen und Mitarbeiter drehten sich zu ihr um. „Ich habe mit einigen von euch gesprochen, und ich weiß, dass es sich oft anfühlt, als ob wir nichts bewegen können. Aber das ist nicht wahr. Was wir tun, hat Wirkung – und das will ich heute beweisen."

Jay, der gerade einen Kunden verabschiedet hatte, trat näher und fragte: „Und wie genau sollen wir das beweisen?"

Lucy lächelte entschlossen. „Heute setzen wir uns ganz konkrete, machbare Ziele. Jeder von uns nimmt sich zwei Aufgaben vor – und sobald die erledigt sind, setzen wir einen Haken. Es geht darum, uns selbst zu zeigen, dass wir etwas abschließen können."

Simon schaute skeptisch. „Und was ist mit den anderen hundert Sachen, die noch auf uns warten?" „Die schaffen wir auch," antwortete Lucy fest. „Aber heute geht es darum, kleine Erfolge zu feiern und das Vertrauen in uns selbst zurückzugewinnen.

Ich will, dass jeder von uns am Ende des Tages sagen kann: ‚Das habe ich abgeschlossen.' Wir müssen wieder lernen, dass wir selbst die Kontrolle haben."

Becky, die noch zögerlich war, fragte leise: „Und was, wenn wir es nicht schaffen? Was, wenn es wieder so endet wie sonst?“

Lucy trat näher zu ihr, sah ihr fest in die Augen und sprach ruhig, aber bestimmt: „Es geht nicht darum, perfekt zu sein, Becky. Es geht darum, den nächsten Schritt zu machen. Jedes Mal, wenn du etwas abschließt, beweist du dir selbst, dass du es kannst. Es geht um Selbstwirksamkeit – die Überzeugung, dass du die Fähigkeit hast, Dinge zu verändern. Und das hast du.“

Das Team begann, sich zu organisieren. Die Pflanzen wurden neu arrangiert, Kisten repariert, Verkaufsstände umgestaltet. Und während sie arbeiteten, änderte sich die Atmosphäre. Die Aufgaben fühlten sich nicht mehr wie endlose Berge an, sondern wurden zu erreichbaren Zielen. Jeder spürte, dass er etwas bewegen konnte.

Gerade als Lucy den Eindruck hatte, dass die Energie im Team wieder anstieg, tauchte Herr Nowatzki auf. Wie immer verschränkt er die Arme vor der Brust und musterte das Team kritisch.

„Lucy,“ begann er in gewohnt spöttischem Ton, „ich sehe viel Gerede, aber nicht viel Arbeit. Denk dran, Arbeit macht sich nicht von allein.“

Lucy drehte sich ruhig zu ihm um, ihre Augen fest auf seine gerichtet. „Wir arbeiten, Herr Nowatzki. Aber wir tun es auf eine Weise, die uns Erfolge zeigt. Es geht darum, uns selbst zu beweisen, dass wir die Kontrolle haben – dass wir etwas bewirken können.“

Nowatzki hob eine Augenbraue. „Erfolge? Was ich sehe, sind Pflanzen, die noch immer nicht an Ort und Stelle sind. Früher waren wir schneller.“

Lucy blieb ruhig. Sie wusste, dass dies ein Test war. „Früher," sagte sie ruhig, „haben die Mitarbeiterinnen und Mitarbeiter die Arbeit beendet, ohne das Gefühl, etwas wirklich erreicht zu haben. Heute zeige ich ihnen, dass sie ihre Arbeit steuern können. Dass sie selbst den Unterschied machen. Und das ist es, was zählt."

Nowatzki schnaubte und wandte sich ab. „Naja, wir werden ja sehen, wie lange das hält."

Lucy spürte, wie die Anspannung im Team nachließ, als Nowatzki ging. Das Team begann, sich wieder auf die Arbeit zu konzentrieren. Die Energie war zurück.

Am Ende des Tages versammelte sich das Team für einen kurzen Check-out. Jeder nannte, was er geschafft hatte. Es war das erste Mal seit Langem, dass Lucy echte Zufriedenheit in ihren Gesichtern sah. Sie hatten ihre Aufgaben abgeschlossen und das Gefühl, wieder Kontrolle über ihre Arbeit zu haben – sie hatten sich ihre Selbstwirksamkeit zurückgeholt.

Becky ging an diesem Abend mit einem leichten Gefühl nach Hause. Zum ersten Mal seit Wochen fühlte sie sich, als hätte sie etwas erreicht. Statt Erschöpfung spürte sie ein tiefes Gefühl der Zufriedenheit. Sie hatte etwas bewegt, und das gab ihr neue Kraft.

Doch anstatt sich einfach nur auszuruhen, beschloss Becky, diesen Abend anders als sonst zu verbringen. Spontan griff sie zum Telefon und rief ihre Freundinnen an. Sie hatte das Bedürfnis, die neu gewonnene Energie zu teilen, und so verabredeten sie sich für einen Tanzabend in einem kleinen Club in der Stadt.

Als Becky im Club ankam, spürte sie sofort, wie die Musik die restlichen Anspannungen des Tages von ihr abfallen ließ. Ihre Freundinnen begrüßten sie herzlich, aber es dauerte nicht lange, bis sie die Veränderung an Becky bemerkten. Normalerweise kam sie nach einem langen Tag in der Gärtnerei eher müde und etwas zurückhaltend an, doch heute war sie anders.

„Becky, du siehst strahlend aus," sagte Tanja, eine ihrer besten Freundinnen, während sie Beckys Hand nahm und sie auf die Tanzfläche zog. „Was ist passiert? Du wirkst so... leicht und zufrieden."

Becky lächelte breit, als sie mit ihren Freundinnen tanzte, fühlte sich befreit und lebendig. „Es war ein guter Tag in der Gärtnerei," erklärte sie, während sie im Takt der Musik schwang. „Lucy hat uns geholfen, die Kontrolle über unsere Arbeit zurückzugewinnen. Es war, als hätte sie mir gezeigt, dass ich viel mehr bewirken kann, als ich dachte."

Ihre Freundinnen sahen sie mit neugierigen Blicken an. „Das klingt nach mehr als nur einem normalen Arbeitstag," bemerkte Lisa. „Es ist selten, dass du so positiv über die Arbeit sprichst. Was genau hat Lucy gesagt?"

Becky dachte kurz nach und erzählte ihren Freundinnen von dem Gespräch unter dem Baum, wie Lucy ihr geholfen hatte, die Verantwortung für ihre eigene Situation wieder zu übernehmen. „Es war nicht nur das Gespräch," sagte Becky, „es war dieses Gefühl, dass ich wieder Kontrolle über meine Arbeit habe. Dass ich kleine Schritte machen kann, um etwas zu bewegen. Und das habe ich heute tatsächlich gespürt."

Tanja nickte zustimmend. „Das klingt, als hättest du deine innere Stärke zurückgefunden. Es ist toll, das zu hören."

„Ja, das habe ich," antwortete Becky, ihr Blick klar und fest. „Ich habe heute verstanden, dass es nicht darum geht, sofort die großen Dinge zu erreichen. Es geht darum, jeden Tag kleine Erfolge zu feiern und zu wissen, dass ich die Kraft habe, mein Leben zu gestalten."

Als die Nacht voranschritt, fühlte sich Becky freier als je zuvor. Sie spürte, wie die Sorgen der vergangenen Wochen von ihr abfielen. Ihre Freundinnen bemerkten, wie sehr sie sich verändert hatte. „Du wirkst, als hätte sich eine Last von dir gelöst," sagte Lisa und legte ihr einen Arm um die Schulter. „Es ist schön zu sehen, wie gut es dir geht."

Becky nickte lächelnd. „Ja, es geht mir wirklich gut. Heute war der erste Tag seit Langem, an dem ich das Gefühl hatte, wirklich etwas erreicht zu haben. Und das verdanke ich nicht nur der Arbeit, sondern auch Lucy. Sie hat mich daran erinnert, dass ich die Kraft habe, etwas zu bewegen – egal, wie klein die Schritte sind."

Als Becky später nach Hause kam, legte sie sich erschöpft, aber zufrieden ins Bett. Sie dachte an den Tag zurück, an die kleinen Erfolge, die sie und das Team erreicht hatten, und an das Gespräch mit Lucy. Es war der Beginn einer neuen Überzeugung in ihr selbst: dass sie stark und fähig war, ihr eigenes Beet zu pflegen, ihr Leben in die Hand zu nehmen und es zu gestalten.

Mit diesem Gedanken schloss Becky die Augen und schlief mit einem zufriedenen Lächeln ein.

Lucys Erfolgstagebuch

Datum: 29. Juni

Worauf ich stolz bin! Es war ein bedeutsamer Tag, nicht nur für mich, sondern für das gesamte Team. Becky, die so verloren wirkte, hat mich tief berührt. Ihre Frustration war greifbar – das Gefühl, dass sie nichts erreicht, war erdrückend. Es hat mich an meine eigene Zeit erinnert, als ich mich genauso gefühlt habe, als ich das Jurastudium abbrach und dachte, ich könnte nichts richtig machen. Doch heute habe ich etwas Wichtiges gelernt: Es geht nicht darum, nie zu scheitern, sondern darum, wieder aufzustehen und zu wissen, dass man die Kontrolle über das eigene Leben hat.

Beckys Zweifel waren ein Spiegelbild dessen, was ich selbst erlebt habe. Aber ich habe heute gesehen, wie wichtig es ist, diese Selbstwirksamkeit zu kultivieren. Indem wir uns auf kleine, erreichbare Ziele konzentrieren, hat das Team erfahren, dass jede noch so kleine Aufgabe zählt. Besonders berührt hat mich der Moment, als ich sah, wie sich die Stimmung im Team veränderte. Sie haben die Kontrolle über ihre Arbeit zurückgewonnen, und am Ende des Tages war echte Zufriedenheit in ihren Gesichtern zu sehen.

Ich bin stolz darauf, dass ich nicht nur Aufgaben verteilt habe, sondern auch Hoffnung. Die Veränderung in Becky war spürbar – sie hat verstanden, dass sie wieder Einfluss auf ihre Arbeit hat. Das war für mich ein Augenblick, in dem ich wusste, dass ich auf dem richtigen Weg bin, das Beste aus meinem Team herauszuholen.

Was ich optimieren will: Die Begegnung mit Herrn Nowatzki war eine Erinnerung daran, dass es immer externe Einflüsse geben wird, die versuchen, unsere Fortschritte zu untergraben. Er hat das Team mit seinen spöttischen Bemerkungen kurz aus dem Takt gebracht. Ich hätte schneller reagieren und seine Kritik neutralisieren müssen. In Zukunft werde ich darauf achten, dass auch genau solche negativen Einflüsse das Selbstbewusstsein meines Teams nicht schwächen. Es liegt an mir, meine Leute zu schützen und sicherzustellen, dass sie an ihre eigene Stärke glauben.

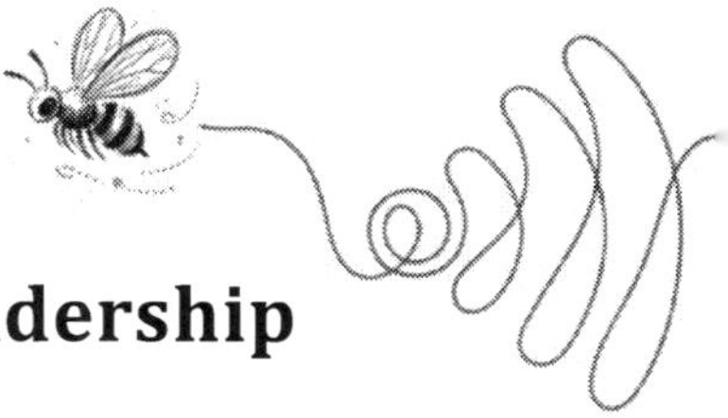

Lucys Vibes für positives Leadership

Was hat Lucy vollbracht? Lucy hat es geschafft, ein erschöpftes und demotiviertes Team wieder auf den Weg der Selbstwirksamkeit zu führen. Anstatt die ständige Frustration hinzunehmen, hat sie erkannt, dass das Team das Gefühl der Kontrolle und des Einflusses über ihre Arbeit verloren hatte. Durch klare, kleine Ziele und die Konzentration auf schrittweise Erfolge konnte sie ihrem Team zeigen, dass jeder einzelne Fortschritt zählt. Becky, die sich hilflos und entmutigt fühlte, konnte durch Lucys Unterstützung wieder die innere Überzeugung gewinnen, dass sie fähig ist, etwas zu verändern. Lucy hat bewiesen, dass es nicht darum geht, große Ziele sofort zu erreichen, sondern dass jeder kleine Schritt zählt und das Vertrauen in die eigenen Fähigkeiten stärkt.

Was kannst du tun? Achte in deinem Team darauf, ob es Anzeichen von Hilflosigkeit gibt. Das Gefühl, nichts wirklich abzuschließen oder keinen Einfluss auf die Ergebnisse zu haben, kann schnell zur Demotivation führen. Schaffe klare Strukturen und setze erreichbare, überschaubare Ziele, die dein Team schnell umsetzen kann. Jeder noch so kleine Erfolg trägt dazu bei, das Vertrauen in die eigenen Fähigkeiten zu stärken und die Selbstwirksamkeit zu fördern. Regelmäßige Check-ins und offene Gespräche über die Fortschritte helfen, diese positive Dynamik aufrechtzuerhalten.

Was bringt es deinem Team? Wenn dein Team wieder das Gefühl hat, selbstwirksam zu sein, steigen Motivation, Produktivität und Zufriedenheit.

Mitarbeitende, die sich ihrer eigenen Stärke bewusst sind, handeln proaktiver, übernehmen Verantwortung und gehen mit Herausforderungen besser um. Sie werden resilienter und erleben weniger Erschöpfung, weil sie wissen, dass sie die Kontrolle über ihre Arbeit haben und aktiv etwas verändern können.

Was hast du als Führungskraft davon? Als Führungskraft profitierst du von einem selbstbewussten, motivierten Team, das bereit ist, Verantwortung zu übernehmen und gemeinsam Erfolge zu erzielen. Du förderst eine Kultur der Eigenverantwortung und des Vertrauens, was dir langfristig hilft, dein Team effizienter zu führen. Du kannst dich darauf verlassen, dass deine Mitarbeitenden nicht nur Probleme erkennen, sondern auch Lösungen entwickeln und umsetzen. Dadurch gewinnst du Zeit für strategische Aufgaben und stärkst deine Position als weitsichtige und unterstützende Führungskraft. Langfristig werden Dir diese Fähigkeiten als Führungskraft bei internen Verhandlungen und Bewertungen zugutekommen, da du zeigen kannst, dass du nicht nur Ziele setzt, sondern auch auf die Menschen hinter den Aufgaben achtest.

Dein Call-to-Action: Nimm Dir heute noch eine halbe Stunde Zeit, um mit deinem Team klare, machbare Ziele für die kommende Woche zu besprechen. Führe eine tägliche Routine ein, bei der jede Mitarbeiterin und jeder Mitarbeiter seine Prioritäten für den Tag definiert und am Ende des Tages die Erfolge gemeinsam reflektiert werden. Achte darauf, dass die Aufgaben nicht zu überwältigend sind, und ermutige dein Team, kleine

Erfolge zu feiern – egal, wie klein sie erscheinen. Du wirst sehen, wie schnell sich die Stimmung im Team verbessert und wie die Motivation, an den gemeinsamen Zielen zu arbeiten, steigt.

”

Erst, wenn wir nicht mehr ängstlich sind, beginnen wir zu leben.

(Dorothy Thompson)

Vibe 6: Frei wie der Wind – Ängste abbauen & offen kommunizieren

Der Regen prasselte gegen die Scheiben der Gärtnerei, und der Himmel war so grau und düster, dass es sich anfühlte, als hätte der Tag gar nicht richtig begonnen. Ein schwerer, unruhiger Druck lag in der Luft, und Lucy spürte, dass heute kein einfacher Tag werden würde. Als sie den Verkaufsraum betrat, fiel ihr sofort auf, dass etwas nicht stimmte. Jay, der sonst immer gut gelaunt und mit einem freundlichen Lächeln die Kunden begrüßte, stand schweigend in einer Ecke. Seine Schultern waren leicht gebeugt, und er starrte ins Leere, während der Regen in dichten Tropfen vom Dach plätscherte.

Lucy beobachtete ihn einen Moment, bevor sie sich ihm näherte. „Jay?" Ihre Stimme war weich, aber aufmerksam. Er zuckte leicht zusammen, als ob er tief in Gedanken versunken gewesen wäre und gar nicht bemerkt hatte, dass sie nähergekommen war.

„Oh, hey, Lucy," murmelte er und hob langsam den Blick. Seine Augen wirkten müde, und ein Anflug von Unsicherheit lag auf seinem sonst so offenen Gesicht. „Alles in Ordnung."

Doch Lucy spürte, dass das nicht der Fall war. Jays Hände waren tief in seinen Taschen vergraben, und seine Stimme klang brüchig, fast als würde er versuchen, etwas zu verbergen. „Du weißt, du kannst mit mir reden," sagte sie sanft, ihre Augen suchten seine, während sie versuchte, zu ihm durchzudringen. „Was bedrückt dich?“

Jay zögerte einen Moment, bevor er tief durchatmete. „Es ist nur... ich mache mir Sorgen, Lucy.“ Seine Stimme war leise, als ob er die Worte kaum aussprechen wollte. „Ich bin nicht mehr der Jüngste. Viele meiner Freunde... sie werden durch jüngere Leute ersetzt. Und ich...“ Er senkte den Kopf, seine Finger ballten sich leicht zu Fäusten in den Taschen. „Ich habe Angst, dass mir dasselbe passiert. Dass ich irgendwann einfach... nicht mehr gebraucht werde.“

Lucys Herz zog sich zusammen. Sie hatte Jay immer als den ruhigen, verlässlichen Fels in der Brandung gesehen. Dass er diese tief verwurzelten Existenzängste hatte, erschütterte sie. „Jay,“ begann sie, ihre Stimme war fest, aber voller Mitgefühl, „Du bist ein unverzichtbarer Teil dieses Teams. Deine Erfahrung, dein Wissen, deine Ruhe – das alles macht dich unersetzlich. Es gibt hier niemanden, der dich ersetzen könnte. Wir brauchen dich.“

Jay nickte schwach, doch es war klar, dass seine Ängste tief saßen. „Es ist nicht nur das,“ fuhr er fort, seine Stimme zitterte leicht, „es ist meine Familie. Ich will für meine Enkelin da sein, ihr eine sichere Zukunft bieten. Aber manchmal fühlt es sich an, als würde alles davon abhängen, dass ich diesen Job behalte. Und was, wenn das nicht mehr genug ist?“

Lucy legte ihm eine Hand auf die Schulter und drückte sie leicht. „Du bist wichtig, Jay – sowohl für uns hier als auch für deine Familie. Ich verstehe deine Sorgen, aber du wirst hier immer einen Platz haben. Du bist nicht allein."

Ein schwaches Lächeln huschte über Jays Gesicht, aber die Sorgen in seinen Augen blieben. Lucy wusste, dass es Zeit war, auch mit dem Rest des Teams zu sprechen. Sie hatte bemerkt, dass die Stimmung in letzter Zeit gedrückt war, als würde ein unsichtbarer Druck auf allen lasten. Während sie Jay noch ermutigend ansah, bemerkte sie Momo, die in einer Ecke stand und nervös auf ihr Handy starrte.

Momo war sichtlich angespannt, und Lucy spürte, dass auch sie etwas auf dem Herzen hatte. „Momo?" Sie trat auf sie zu und legte behutsam eine Hand auf Momos Arm. „Alles in Ordnung?"

Momo hob den Blick, ihre Augen glänzten leicht, und sie wischte sich schnell eine Träne aus dem Augenwinkel. „Es ist nichts," murmelte sie, aber ihre zitternde Stimme sagte etwas anderes.

„Es sieht nicht nach nichts aus," entgegnete Lucy sanft. „Komm, sag mir, was los ist."

Momo seufzte tief, ihre Schultern sanken leicht ein, als sie langsam sprach: „Es ist nur... alles wird so teuer. Die Miete, das Essen... ich habe keine Rücklagen, Lucy.

Wenn etwas passiert, weiß ich nicht, wie ich das alles schaffen soll. Ich sehe die Preise steigen und frage mich, wie lange ich das noch durchhalten kann." Ihre Stimme klang verzweifelt,

und Lucy spürte, wie sehr diese Sorgen an ihr nagten.

„Momo, das sind echte Sorgen, und ich verstehe das vollkommen," sagte Lucy, ihre Stimme war ruhig, aber voller Mitgefühl. „Es ist schwer, wenn alles teurer wird und man sich unsicher fühlt. Aber du bist stark, und du bist nicht allein. Wir alle sind hier, um uns gegenseitig zu unterstützen."

Momo nickte leicht, doch die Sorgen in ihrem Blick verschwanden nicht völlig. Lucy wusste, dass diese Ängste tief saßen – bei Jay, bei Momo und vermutlich auch bei den anderen. Sie entschied, dass es Zeit war, das gesamte Team anzusprechen.

Als sich das Team im Pausenraum versammelte, trat Lucy vor sie. Die grauen Wolken draußen schienen die Schwere in der Luft zu spiegeln und das sonst so lebendige Team wirkte müde, als würden sie die Lasten des Lebens mehr spüren als sonst. „Ich weiß, dass es im Moment viele Unsicherheiten gibt," begann Lucy und sah in die Gesichter ihrer Mitarbeiterinnen und Mitarbeiter. „Aber ich möchte, dass wir heute offen darüber sprechen. Wir alle haben Ängste und Sorgen, und das ist völlig in Ordnung. Wichtig ist, dass wir sie nicht für uns behalten, sondern miteinander teilen."

Ein Murmeln ging durch die Runde, und einige sahen sich unsicher um. Unter Herrn Nowatzki wäre so ein Gespräch nie geführt worden. Lucy wusste, dass sie auf Widerstand stoßen könnte, aber sie war entschlossen, eine offene Gesprächskultur zu schaffen.

Jay räusperte sich, bevor er als Erster das Wort ergriff. Sein Blick war schwer, als er sprach: „Ich mache mir Sorgen um meine Zukunft hier. Ich bin nicht mehr der

Jüngste, und manchmal habe ich das Gefühl, dass ich bald durch jemand Jüngeren ersetzt werde."

Stille legte sich über den Raum, und alle sahen Jay überrascht an. Niemand hatte erwartet, dass der sonst so ruhige und selbstbewusste Jay solche Ängste hegte. Lucy sah ihn fest an, ihre Stimme war warm und beruhigend. „Jay, du bist nicht ersetzbar. Deine Erfahrung und dein Wissen sind für uns alle von unschätzbarem Wert. Ich möchte, dass du weißt, dass du hier sicher bist."

Jay nickte, aber sein Blick verriet, dass die Sorgen tief saßen. Momo meldete sich als Nächste zu Wort. Ihre Hände spielten nervös mit ihrem Handy, während sie sagte: „Ich habe Angst, dass ich irgendwann einfach nicht mehr genug Geld habe, um über die Runden zu kommen. Alles wird so teuer, und ich weiß nicht, wie ich das noch lange schaffen soll."

Eine bedrückende Stille breitete sich erneut aus, doch Lucy nickte verständnisvoll. „Momo, das sind echte Sorgen. Du bist nicht allein damit. Wir sind alle hier, um uns gegenseitig zu unterstützen, und gemeinsam finden wir Wege, um das zu bewältigen."

Becky, die sonst eher still war, räusperte sich und hob schüchtern die Hand. „Ich mache mir immer Sorgen um meine Gesundheit. Ich weiß, dass ich manchmal zu vorsichtig bin, aber ich kann nicht anders. Es macht mir Angst, krank zu werden."

Lucy nickte. „Danke, Becky, dass du das mit uns teilst. Es ist wichtig, dass wir alle verstehen, dass solche Sorgen normal sind. Und wir sind ein Team, und das bedeutet, dass wir füreinander da sind – in guten und in schlechten Zeiten."

Gerade als das Team langsam begann, sich zu entspannen, knurrte eine tiefe, vertraute Stimme: „Reden ist ja gut und schön, aber Arbeit bringt mehr als Sorgen." Herr Nowatzki stand mit verschränkten Armen in der Tür, seine Augen funkelten skeptisch.

Die Spannung kehrte schlagartig zurück, und alle blickten unsicher zu Nowatzki. Lucy spürte, wie ihre eigene Nervosität aufstieg, aber sie ließ sich nicht beirren. Ihre Augen blieben fest auf Nowatzki gerichtet, als sie sagte: „Herr Nowatzki, Ihre Zeit hier hat uns viel gelehrt, und wir schätzen ihre Erfahrung. Und gleichermaßen ist es uns heute wichtig, dass wir uns die Zeit nehmen, über unsere Ängste zu sprechen. Nur so können wir als Team wachsen und stärker werden."

Nowatzki schnaubte und drehte sich um, seine Unzufriedenheit war deutlich spürbar, als er verschwand. Doch Lucy ließ sich nicht aus der Ruhe bringen. Sie sah ihr Team an, das nach Nowatzkis Bemerkung etwas verunsichert wirkte.

„Es ist okay, dass er seine Meinung hat," sagte Lucy sanft. „Aber was zählt, ist, dass wir hier miteinander arbeiten und füreinander da sind. Wir müssen uns gegenseitig unterstützen, und das bedeutet auch, über unsere Ängste zu sprechen."

Langsam kehrte die Ruhe zurück, und Lucy spürte, dass sie einen wichtigen Schritt getan hatte. Sie wusste, dass solche Gespräche nicht alles lösen würden, aber sie waren ein Anfang. Das Team war offener geworden, und sie spürte, dass sie auf dem richtigen Weg war.

Jay ging heute mit langsamen Schritten aus der Gärtnerei. Der Regen hatte nachgelassen, aber der Boden war noch feucht und die Luft kühl. Sein Blick wanderte zum Himmel, wo die grauen Wolken allmählich aufrissen und die ersten Sonnenstrahlen sich zaghaft durchkämpften. Ein tiefer Seufzer entfuhr ihm, doch diesmal klang er nicht bedrückt, sondern eher erleichtert.

Die Worte von Lucy hallten noch in seinem Kopf nach. „Du bist nicht ersetzbar." Dieser Satz, so einfach er auch war, hatte ihm mehr bedeutet, als er zugeben wollte. Seine Sorgen und Ängste – die Gedanken, dass er vielleicht nicht mehr gebraucht würde, dass er zu alt für diese Arbeit sei – hatten sich für einen Moment aufgelöst. Es war nicht so, dass sie ganz verschwunden wären, aber Lucy hatte ihm gezeigt, dass er hier einen Platz hatte. Einen festen, wichtigen Platz.

Jay straffte die Schultern, als er sich dem kleinen Parkplatz näherte, wo sein altes Auto stand. Es war wie ein Symbol für ihn: alt, aber verlässlich, mit vielen Kilometern auf dem Tacho, aber immer noch stark genug, um die täglichen Wege zu meistern. So fühlte er sich auch. Nicht mehr jung, aber immer noch fähig, einen Unterschied zu machen.

Als er den Motor startete, spürte er eine seltsame Leichtigkeit in sich aufsteigen. Zum ersten Mal seit langem hatte er das Gefühl, dass seine Arbeit mehr war als nur eine Pflicht. Er hatte heute mit dem Team gesprochen, war gehört worden, und das allein gab ihm neue Energie. Ein kleines Lächeln stahl sich auf sein Gesicht, als er den Scheibenwischer einschaltete und langsam den Weg nach Hause antrat.

Zu Hause würde seine Enkelin auf ihn warten. Normalerweise fühlte er sich nach einem Arbeitstag ausgelaugt, doch heute war das anders. Heute fühlte er sich lebendig. Die Gespräche mit Lucy und dem Team hatten ihm Kraft gegeben, und diese Kraft wollte er nun an seine Familie weitergeben. Sein Herz fühlte sich leichter an, und als er die Auffahrt seines kleinen Hauses erreichte, wusste er, dass er heute mehr als nur Arbeit geleistet hatte.

Er hatte für sich selbst eine innere Sicherheit gefunden, die ihm die Zuversicht gab, dass er auch morgen wieder gebraucht werden würde. Mit einem erleichterten Lächeln öffnete Jay die Haustür und trat ins warme Licht seines Zuhauses, bereit für den Abend mit seiner Familie – und vor allem, mit einem ruhigen, zufriedenen Gefühl im Herzen.

Lucys Erfolgstagebuch

Datum: 2. Juli

Worauf ich stolz bin! Ich habe das Team ermutigt, offen über ihre Ängste zu sprechen. Besonders Jay und Momo haben ihre Sorgen mutig geteilt, und es war bewegend zu sehen, wie das Team darauf reagiert hat. Diese Offenheit hat uns näher zusammengebracht, und ich spüre, dass das Vertrauen wächst. Es zeigt, dass wir füreinander da sind. Ich werde diese Art von Gesprächen weiterhin fördern, um das Vertrauen zu vertiefen und eine Kultur des gegenseitigen Verständnisses zu schaffen.

Es war auch hilfreich, Einzelgespräche zu führen, um weiter auf individuelle Sorgen einzugehen. Dies werde ich beibehalten, um eine unterstützende und sichere Arbeitsumgebung zu fördern. Ich habe es geschafft, trotz Herrn Nowatzkis untergriffigen Einwurf das Gespräch aufrechtzuerhalten. Es war schön zu sehen, wie das Team sich am Ende wieder entspannte und die Unterstützung spürbar war. Besonders Momo schien erleichtert, und das hat mir gezeigt, dass diese Gespräche wichtig sind.

Was ich optimieren will: Ich werde schneller auf die Sorgen der Teammitglieder eingehen, bevor sie so tief sitzen. Außerdem werde ich noch mehr darauf achten, dass die Gespräche positiv und lösungsorientiert bleiben, auch wenn die Ängste stark sind.

Lucys Vibes für positives Leadership

Was hat Lucy vollbracht? Lucy hat in einer schwierigen Situation eine Kultur der offenen Kommunikation geschaffen, die es ihrem Team ermöglicht, Ängste und Unsicherheiten direkt anzusprechen. Indem sie auf ihre Teammitglieder zugegangen ist und ihre Sorgen ernst genommen hat, hat sie gezeigt, dass Führung nicht nur darin besteht, Anweisungen zu geben, sondern auch darin, emotionale Unterstützung zu bieten. Lucy hat bewiesen, dass ehrliche Gespräche über Ängste und Sorgen keine Schwäche sind, sondern eine Kraftquelle für das Team sein können. Sie hat ihrem Team vermittelt, dass sie gemeinsam Herausforderungen meistern können, und hat gezeigt, wie wichtig es ist, auch unangenehme Themen offen anzusprechen. Diese Art von Leadership stärkt nicht nur das Vertrauen innerhalb des Teams, sondern auch die individuelle Widerstandskraft der einzelnen Teammitglieder.

Was kannst du tun? Als Führungskraft ist es entscheidend, regelmäßig eine offene und vertrauensvolle Atmosphäre zu schaffen, in der dein Team sich sicher fühlt, über Ängste und Unsicherheiten zu sprechen. Ermutige dein Team dazu, Probleme anzusprechen, bevor sie zu groß werden, und zeige, dass du bereit bist, zuzuhören und Unterstützung anzubieten. Achte darauf, dass du nicht nur auf die Arbeitsleistung, sondern auch auf das Wohlbefinden deiner Mitarbeitenden achtest. Baue eine Gesprächskultur auf, in der auch schwierige Themen Platz haben, und ermutige dazu, Lösungen gemeinsam zu erarbeiten. Dies stärkt das Gefühl der Zusammengehörigkeit und fördert eine höhere emotionale Sicherheit im Team.

Was bringt es deinem Team? Ein Team, das sich sicher und unterstützt fühlt, ist leistungsfähiger und innovativer. Offene Kommunikation über Ängste und Sorgen schafft ein Umfeld, in dem Vertrauen wächst und echte Lösungen entwickelt werden können. Mitarbeitende fühlen sich weniger gestresst, wenn sie wissen, dass sie über ihre Herausforderungen sprechen können, ohne dafür beurteilt zu werden. Zudem fördert diese Offenheit die emotionale Stabilität und Widerstandskraft im Team, was sich langfristig positiv auf die Arbeitseffizienz und das Wohlbefinden auswirkt. Deine Mitarbeitenden werden sich stärker mit ihren Aufgaben identifizieren und motivierter an ihre Arbeit herangehen.

Was hast du als Führungskraft davon? Indem du eine Kultur der Offenheit und des Vertrauens etablierst, positionierst du dich als empathische und lösungsorientierte Führungskraft. Dein Team wird dir mehr vertrauen und sich eher an dich wenden, wenn es Schwierigkeiten gibt, was dir ermöglicht, schneller auf Probleme zu reagieren und Lösungen zu finden. Du wirst als unterstützend und einfühlsam wahrgenommen, was deine Führungsposition langfristig stärkt. Außerdem kannst du sicherstellen, dass dein Team emotional gesund bleibt, was die Produktivität und Arbeitszufriedenheit steigert und Fluktuationen im Team verringert. Darüber hinaus senkst Du damit die durchschnittliche Krankenstandsdauer deiner Mitarbeitenden.

Dein Call-to-Action: Nimm Dir heute 30 Minuten Zeit, um mit deinem Team ein offenes Gespräch zu führen. Setze Dich mit jeder Mitarbeiterin und jedem Mitarbeiter einzeln oder in einer kleinen Gruppe zusammen und frage gezielt nach ihren aktuellen Sorgen und Ängsten – sowohl in Bezug auf die Arbeit als auch darüber hinaus. Höre aktiv zu, nimm ihre Bedenken ernst und mache klar, dass ihr diese Herausforderungen gemeinsam angeht. Stelle sicher, dass du konkrete Unterstützung anbietest, sei es durch Anpassungen im Arbeitsalltag, mehr Flexibilität oder durch regelmäßige Check-ins. Schaffe einen Raum, in dem dein Team weiß, dass es jederzeit zu Dir kommen kann, wenn etwas auf dem Herzen liegt.

Was sind deine Erkenntnisse bisher?

”

Die Sprache ist die Quelle aller Missverständnisse.

(Antoine de Saint-Exupéry)

Vibe 7: Gutes Gedeihen – Konstruktives Feedback als Wachstumsbooster

Die Vögel zwitscherten um die Wette, es war ein herrlicher Sommertag, und die Gärtnerei erwachte zum Leben. Die Pflanzen blühten, Kunden strömten in den Laden, um sich die neuen Blumen anzusehen, und das Team war damit beschäftigt, alles in Ordnung zu halten. Lucy beobachtete zufrieden die geschäftige Betriebsamkeit, als ihr Blick auf Simon fiel. Er arbeitete konzentriert, doch irgendetwas stimmte nicht. Sie bemerkte, dass er die falsche Erde für die exotischen Setzlinge verwendete – ein Fehler, der den Pflanzen schaden konnte und Simon hätte es eigentlich besser wissen müssen. Es war ein Detail, aber ein wichtiges, und Lucy wusste, dass sie eingreifen musste.

Während sie auf Simon zuging, spürte sie ein unangenehmes Kribbeln in ihrem Magen. Kritik war immer eine heikle Sache. Sie wollte die Situation korrigieren, ohne Simons Stolz zu verletzen oder die Atmosphäre zu vergiften.

„Simon," sagte sie, als sie bei ihm ankam. „Du verwendest die falsche Erde für die Setzlinge."

Ihre Stimme war schärfer, als sie es beabsichtigt hatte. Simon hielt inne, seine Hände erstarrten über den Pflanzen. Er drehte sich langsam um, und in seinem Gesicht spiegelte sich eine Mischung aus Überraschung und Ärger wider.

„Was meinst du damit?“ fragte er, seine Stimme kühl und defensiv. „Ich mache das hier nicht zum ersten Mal.“

Lucy spürte, dass das Gespräch in die falsche Richtung ging, doch sie fuhr fort. „Diese Erde ist nicht geeignet. Du könntest die Wurzeln der Setzlinge schädigen.“

„Ach ja?“ Simons Augen verengten sich, seine Kiefer mahlten. „Vielleicht solltest du mir nicht sagen, wie ich meine Arbeit zu machen habe. Ich arbeite seit Jahren hier, und plötzlich soll ich alles falsch machen?“

Lucys Herz sank. Sie hatte nicht gewollt, dass es so ablief. Simons Stimme war kühl, seine Schultern angespannt, als hätte er eine unsichtbare Mauer um sich errichtet. Die Situation erinnerte sie sofort an ihre Zeit mit Herrn Nowatzki – genau das Verhalten, das sie nie zeigen wollte.

„Simon, ich wollte nicht...“ begann Lucy, doch Simon unterbrach sie.

„Nicht was? Mich wie einen Anfänger behandeln?“ fragte er bissig. „Herr Nowatzki war schon schlimm genug, aber ich dachte, du wärst anders. Stattdessen kommst du hierher und machst mich vor allen fertig.“

Lucy sah, wie die anderen Teammitglieder verstohlen in ihre Richtung blickten. Momo hielt plötzlich inne, während sie eine Pflanze umtopfte, und Becky warf Simon einen besorgten Blick zu. Die Stimmung war plötzlich angespannt, die Leichtigkeit des Frühlingsmorgens verschwunden. Lucy wollte das alles rückgängig machen, doch es war zu spät. Simon drehte sich wortlos um und ging, seine Schritte hart auf dem Kiesboden.

Sie spürte, wie das Gewicht des Moments auf ihr lastete. Sie hatte alles falsch gemacht. Und jetzt war das Vertrauen, das sie sich langsam aufgebaut hatte, in Gefahr. Der Vorfall lag wie ein Schatten über der Gärtnerei, und sie wusste, dass sie es wieder gutmachen musste.

Am nächsten Morgen ging Lucy mit einem Plan in die Gärtnerei. Sie hatte die Nacht über kaum geschlafen, das Gespräch mit Simon immer wieder in ihrem Kopf durchgespielt. Sie wusste, dass sie einen neuen Ansatz brauchte. Das Sandwich-Prinzip schien ihr die beste Lösung zu sein: Erst Lob, dann Kritik, dann wieder Lob. So konnte sie Simon zeigen, dass sie seine Arbeit schätzte und gleichzeitig den Fehler ansprechen.

„Simon, können wir kurz reden?" fragte sie, als sie ihn in der Nähe des Werkzeugschuppens sah. Er hob den Kopf, sein Gesicht noch immer angespannt, doch er nickte.

„Simon, ich möchte mich für gestern entschuldigen", begann Lucy, ihre Stimme ruhig und sanft. „Ich hätte es anders ansprechen sollen.

Du leistest großartige Arbeit hier, und ich sehe, wie viel du dazu beiträgst, dass die Gärtnerei läuft." Simon stand still, seine Arme verschränkt. Doch Lucy bemerkte, dass er zumindest zuhörte.

„Der Fehler mit der Erde war unglücklich, und gleichzeitig weiß ich, dass du immer dein Bestes gibst", fuhr sie fort. „Was ich dir als Tipp mitgeben möchte, ist, dass ich bei exotischen Pflanzen immer einen Blick auf die Etiketten werfe, um sicherzustellen, dass ich die richtigen Bedingungen schaffe. Was hältst du davon, wenn wir eine Liste mit den Anforderungen der verschiedenen Pflanzensorten erstellen, die alle zur Hand haben können. Du bist ein wertvolles Mitglied unseres Teams, und ich möchte, dass du weißt, dass ich deine Arbeit sehr schätze."

Simon ließ die Arme sinken und atmete tief durch. „Vielleicht habe ich überreagiert", gab er leise zu. „Aber es hat mich einfach an früher erinnert. Weißt du, wie oft Herr Nowatzki mich vor allen bloßgestellt hat?"

Lucy nickte. „Ich weiß, und das tut mir leid. Ich wollte nie so sein wie er. Deshalb bin ich hier, um es besser zu machen. Wir sind ein Team, und ich möchte, dass du das weißt. Fehler passieren, aber ich vertraue dir."

Simon lächelte schwach. „Danke, Lucy. Das bedeutet mir viel. Ich weiß, dass ich manchmal stur bin, aber ich will auch, dass wir hier erfolgreich sind."

Lucy spürte, wie sich die Spannung zwischen ihnen löste. Sie hatten es geschafft, das Missverständnis aus der Welt zu schaffen, und das Vertrauen war wiederhergestellt. Sie wusste, dass sie noch viel zu lernen hatte, aber dieser Moment war ein wichtiger Schritt.

Lucy wandte sich nun an die anderen, die mit einem Ohr dem Gespräch lauschten. „Hört mal. Ich möchte, dass wir Kritik als etwas Positives betrachten", fuhr Lucy fort. „Es geht nicht darum, jemanden zu beschuldigen oder herunterzumachen, sondern darum, uns gegenseitig zu helfen, besser zu werden. Und ich möchte mit mir selbst beginnen. Wenn ihr Feedback für mich habt, wie ich besser führen kann, möchte ich das gerne hören."

Simon war der Erste, der sich zu Wort meldete. „Ich denke, es wäre hilfreich, wenn wir regelmäßig über unsere Fortschritte sprechen könnten“, sagte er. „Manchmal ist es schwer zu wissen, ob wir auf dem richtigen Weg sind.“

Lucy nickte. „Das ist ein großartiger Punkt, Simon. Regelmäßige Fortschrittsgespräche könnten uns allen helfen, besser zu verstehen, wo wir stehen und was wir noch verbessern können.“

Momo zögerte kurz, bevor sie sprach. „Manchmal fühle ich mich unsicher, wenn ich eine neue Idee vorschlage“, gestand sie. „Ich bin mir nicht sicher, wie sie aufgenommen wird, und das macht es schwer, kreativ zu sein.“

Lucy lächelte. „Danke, dass du das teilst, Momo. Ich möchte, dass du weißt, dass alle Ideen willkommen sind. Ich werde darauf achten, eine Atmosphäre zu schaffen, in der jeder sich wohlfühlt, seine Ideen zu äußern, ohne Angst vor Kritik zu haben.“

Becky räusperte sich leise. „Ich finde es manchmal schwer, Kritik zu äußern, weil ich niemanden verletzen möchte“, sagte sie vorsichtig. „Aber ich sehe auch, dass es wichtig ist, ehrlich zu sein.“

Lucy nickte verständnisvoll. „Das verstehe ich, Becky. Es ist wichtig, ehrlich zu sein, aber auch respektvoll. Wir sollten uns immer darauf konzentrieren, wie wir konstruktiv und unterstützend sein können.“

Jay, der bisher still geblieben war, sprach schließlich. „Ich denke, es wäre gut, wenn wir eine Art Feedback-Runde einführen könnten, vielleicht einmal pro Woche.

Das würde uns helfen, offener zu sein und uns gegenseitig zu unterstützen."

„Eine hervorragende Idee, Jay", antwortete Lucy. „Lasst uns das ausprobieren. Wir könnten jeden Freitag eine kurze Feedback-Runde machen, in der wir über unsere Erfolge sprechen und auch darüber, was wir verbessern könnten."

Das Team schien sich mit dieser Idee wohlzufühlen, und Lucy war zuversichtlich, dass dies der richtige Weg war, um eine Kultur der offenen und konstruktiven Kritik zu etablieren.

Am ersten Freitag führte Lucy die Feedback-Runde ein. Sie begann, indem sie offen über ihre eigenen Herausforderungen sprach. „Ich weiß, dass ich manchmal zu schnell Entscheidungen treffe", sagte sie. „Ich werde versuchen, in Zukunft mehr Zeit zu nehmen, um Eure Meinungen einzuholen, bevor ich etwas entscheide."

Simon gab Feedback zu einem technischen Problem, das sie gemeinsam gelöst hatten. „Ich schätze es, dass du mich ermutigt hast, eine Lösung zu finden, aber ich hätte mir ein bisschen mehr Unterstützung gewünscht", sagte er ehrlich.

„Danke, Simon", antwortete Lucy. „Das ist ein gutes Feedback, und ich werde versuchen, das zu berücksichtigen."

Momo äußerte sich ebenfalls. „Ich fand es hilfreich, dass wir über unsere Ideen sprechen konnten, aber ich denke, wir könnten noch mehr Möglichkeiten schaffen, um kreativ zu sein."

Becky und Jay teilten ebenfalls ihre Gedanken, und Lucy war stolz auf die Offenheit und Ehrlichkeit ihres

Teams. Sie wusste, dass dies nur der Anfang war, aber es war ein wichtiger Schritt in Richtung einer Kultur der kontinuierlichen Verbesserung.

Am Ende der Runde bedankte sich Lucy bei ihrem Team. „Ich bin wirklich stolz auf uns", sagte sie. „Es ist nicht einfach, offen über unsere Schwächen zu sprechen, aber es ist der beste Weg, um gemeinsam zu wachsen. Lasst uns weiterhin offen und ehrlich miteinander sein und uns gegenseitig unterstützen."

Das Team stimmte zu, und Lucy spürte, dass sie einen wichtigen Meilenstein erreicht hatten. Sie wusste, dass eine starke Feedbackkultur der Schlüssel war, um das Team weiterzuentwickeln und sicherzustellen, dass jeder die Möglichkeit hatte, sein Bestes zu geben.

Simon saß auf der alten Holzbank vor seinem Häuschen, den lauen Abendwind im Gesicht. Der Tag war anstrengend gewesen, aber jetzt, wo die Sonne untergegangen war, fühlte er sich leichter. Zufrieden. Er wählte die Nummer seiner Mutter und wartete, bis sie abnahm. Schon beim zweiten Klingeln erklang ihre vertraute Stimme.

„Simon! Wie war dein Tag, mein Junge? Alles gut bei dir?"

Simon lächelte. „Ja, Mama. Heute war... anders. Es war stressig, aber irgendwie auch cool.

Simon lehnte sich zurück, betrachtete den sternenbedeckten Himmel und seufzte leise. „Ehrlich gesagt, Mama, es war nicht nur anstrengend. Es war... befriedigend. Ich habe gemerkt, dass meine Arbeit zählt. Lucy hat mir heute das Gefühl gegeben, dass das, was ich tue, wirklich wichtig ist. Sie hat mich nicht einfach nur reparieren lassen, sondern mir gezeigt, dass ich einen Unterschied mache."

Seine Mutter lächelte am Telefon, er konnte es fast spüren. „Das freut mich, Simon. Du hast so viel Talent, und es ist schön zu hören, dass du das jetzt auch selbst spürst. Lucy scheint eine gute Chefin zu sein."

„Ja, das ist sie", sagte Simon. „Sie vertraut mir und gibt mir Raum. Heute war hart, aber... ich weiß nicht, irgendwie hatte ich das Gefühl, dass wir als Team echt was geschafft haben."

„Du klingst zufriedener als sonst", bemerkte seine Mutter sanft. „Ich habe mir oft Sorgen gemacht, dass du nicht genug Anerkennung bekommst. Aber heute klingst du anders – wie jemand, der weiß, dass er wertvoll ist."

Simon lächelte und spürte eine leichte Wärme in seiner Brust. „Vielleicht hast du recht, Mama. Es war ein guter Tag."

„Ich bin so stolz auf dich, Simon", sagte sie liebevoll. „Du bist ein großartiger Mensch, und es freut mich, dass du das endlich auch siehst."

Simon wurde rot, auch wenn sie es nicht sehen konnte. „Danke, Mama. Das bedeutet mir viel."

Als sie das Gespräch beendeten, legte Simon das Handy zur Seite und schloss die Augen. Er fühlte sich erfüllt, als hätte er etwas Größeres bewegt als nur ein paar Pflanzen. Heute hatte er nicht nur hart gearbeitet, sondern auch erkannt, dass er einen echten Beitrag leistete. Und dieses Gefühl trug ihn, während er in die kühle Nacht hineinging – ein Gefühl, das ihm neue Energie gab für alles, was noch kommen würde.

Seine Mutter legte ebenfalls auf und lehnte sich in ihrem Sessel zurück. Ihr Herz war leicht und voller Stolz. Simon hatte immer hart gearbeitet, aber heute klang er endlich, als hätte er etwas gefunden, das ihm wirklich wichtig war. Sie war glücklich, ihren Sohn so motiviert und erfüllt zu hören – ein Sohn, der endlich begann, an sich selbst zu glauben.

Lucys Erfolgstagebuch

Datum: 12. Juli

Worauf ich stolz bin! Nun verstehe ich, wie wichtig der Ton ist, wenn man Feedback gibt. Heute haben wir begonnen, eine Feedbackkultur in der Gärtnerei zu etablieren. Es war inspirierend zu sehen, wie offen und ehrlich das Team über seine Erfahrungen und Herausforderungen gesprochen hat.

Besonders erfreulich war, dass alle bereit waren, konstruktives Feedback zu geben und auch anzunehmen. Ich denke, diese Offenheit wird uns helfen, als Team weiter zu wachsen und besser zusammenzuarbeiten. Was ich beibehalten werde, ist die regelmäßige Feedback-Runde. Sie schafft eine Atmosphäre des Vertrauens und der kontinuierlichen Verbesserung. Es war auch hilfreich, selbst mit gutem Beispiel voranzugehen und offen über meine eigenen Herausforderungen zu sprechen. Dies werde ich weiterhin tun, um das Vertrauen im Team zu stärken.

Was ich optimieren will: Auf der anderen Seite habe ich bemerkt, dass wir noch daran arbeiten müssen, sicherzustellen, dass alle sich wohl fühlen, wenn sie Kritik äußern. Ich werde daran arbeiten, eine noch offenere Atmosphäre zu schaffen, in der jeder seine Meinung frei äußern kann. Ich werde darauf achten, nie im Affekt zu handeln. Selbst wenn ich schnell reagieren muss, muss ich mir einen Moment Zeit nehmen, um meine Worte zu überdenken und sicherzustellen, dass sie konstruktiv sind.

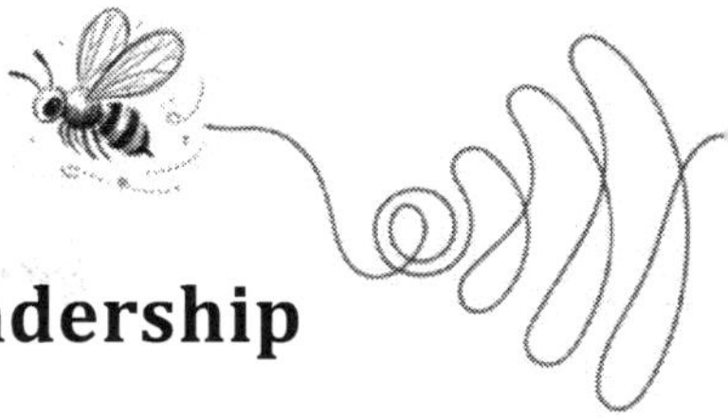

Lucys Vibes für positives Leadership

Was hat Lucy vollbracht? Lucy hat durch ihren ersten Fehler erkannt, wie wichtig es ist, Feedback achtsam zu formulieren. Sie hat gelernt, dass Kritik, wenn sie falsch platziert ist, schnell als Vorwurf verstanden wird. Doch sie konnte den Konflikt entschärfen und das Vertrauen von Simon wiederherstellen. Sie hat eine Kultur der konstruktiven Kritik und des Feedbacks etabliert, um die kontinuierliche Verbesserung und das Vertrauen im Team zu fördern. Sie ist mit gutem Beispiel voran gegangen und hat eine Atmosphäre, in der jeder seine Meinung frei äußern kann, geschaffen.

Was kannst du tun? Wenn du Feedback gibst, denke daran, das Sandwich-Prinzip zu nutzen. Beginne mit einem positiven Aspekt, sprich das Problem klar und sachlich an und gib deinem Teammitglied eine konkrete Handlungsempfehlung mit auf den Weg. Schließe wieder mit einem positiven Aspekt ab. Achte auch auf deinen Tonfall und deine Körpersprache – sie können die Annahme deines Feedbacks entscheidend beeinflussen. Führe regelmäßige Feedback-Runden ein und fördere eine offene und konstruktive Kritik- und Feedbackkultur in deinem Team.

Was bringt es deinem Team? Eine konstruktive Feedback-Kultur stärkt das Vertrauen im Team. Mit Wertschätzung und Feedbackkompetenz fühlt sich niemand bloßgestellt oder herabgesetzt, sondern erkennt, dass Fehler als Lernchancen gesehen werden.

Dein Team wird offener für Kritik und kann sich kontinuierlich verbessern.

Was hast du als Führungskraft davon? Du positionierst dich als transparente und offene und beziehungswillige Führungskraft, was dir hilft, das Vertrauen und den Respekt deines Teams zu gewinnen und deine Führungsposition zu festigen.

Dein Call-to-Action: Heute ist der perfekte Tag, um das Sandwich-Prinzip auszuprobieren. Überlege dir eine Situation, in der du Feedback geben musst, und plane das Gespräch sorgfältig. Starte mit einem ehrlichen positiven Aspekt, sprich das zu verändernde Verhalten oder das Problem sachlich an und gib deinem Teammitglied eine konkrete Handlungsempfehlung mit auf den Weg, wie es das nächste Mal optimaler machen kann. Schließe mit einer weiteren positiven Rückmeldung ab. Achte darauf, wie dein Teammitglied auf diese Methode reagiert und passe deine Kommunikation an. Diese Methode wird dir helfen, Vertrauen aufzubauen und eine konstruktive Arbeitskultur zu fördern.

Was sind deine Erkenntnisse bisher?

....

....

....

....

....

....

....

....

....

....

....

....

....

....

....

....

....

”

Warum vergöttern wir die Gleichmacherei, anstatt die Vielfalt zu kultivieren?

(Stefan M. Gergely)

Vibe 8: Vielfalt im Beet – Teamarbeit stärken & Talente gezielt fördern

Die Tür zum Lagerhaus knallte laut ins Schloss und Stille breitete sich aus. Die Spannung war fast greifbar. Lucy hob den Kopf von den Unterlagen auf ihrem Schreibtisch und sah durch ihr Fenster, wie Simon wütend aus dem Lager herausstürmte. Sie konnte spüren, dass hier etwas völlig aus dem Ruder gelaufen war.

„Das kann doch nicht dein Ernst sein!", schrie Simon und warf seine Handschuhe zu Boden. „Wie soll ich so arbeiten? Das ist doch kein Spiel!"

Aus dem Lager kam nun Momo, die die Arme verschränkt hielt und mit funkelnden Augen auf Simon losging. „Es geht nicht immer nur um dich, Simon! Ich habe auch eine Aufgabe, und du machst mir das jedes Mal kaputt. Ich komme hier zu nichts, weil du immer im Weg bist!"

Lucy spürte die Spannung, die zwischen den beiden wie ein unsichtbares Seil gespannt war. Die anderen Teammitglieder hatten das Drama ebenfalls bemerkt und versammelten sich langsam um das Beet herum. Becky und Jay warfen einander verlegene Blicke zu, während sie versuchten, sich unbeteiligt zu geben, doch es war klar, dass der Streit tiefer ging als nur um ein paar Werkzeuge und eine Unordnung im Lager.

Lucy trat entschlossen näher. „Was ist hier los?", fragte sie ruhig, aber bestimmt.

„Momo räumt ständig die Werkstatt um und stellt die ganzen Geräte an andere Stellen. Ich finde nichts mehr!" Simons Gesicht war immer noch vor Wut verzerrt.

Momo schnappte aufgebracht nach Luft. „Und Simon blockiert den ganzen Platz mit seinem Kram! Ich kann nicht mal meine Designs für die Verkaufsflächen machen, weil alles voller Werkzeuge liegt."

Lucy nickte, ihre Gedanken rasten. Es war klar, dass es hier nicht nur um ein Missverständnis ging – die Aufgabenverteilung im Team war das eigentliche Problem. „Ich sehe, dass ihr beide frustriert seid. Aber das hier wird uns nicht weiterbringen. Wir müssen einen Weg finden, wie jeder von euch seine Arbeit erledigen kann, ohne sich gegenseitig im Weg zu stehen."

Becky trat vor, ihre Hände nervös an ihrem Shirt zupfend. „Es ist nicht nur Simon und Momo. Ich komme auch kaum voran, weil ich ständig unterbrochen werde. Jeder mischt sich überall ein, und am Ende bleibt alles unfertig."

Jay nickte zustimmend. „Das stimmt. Jeder versucht, alles gleichzeitig zu machen, und niemand konzentriert sich wirklich auf das, was er am besten kann."

Lucy seufzte leise. Hier lag das eigentliche Problem: Das Team hatte keine klaren Abgrenzungen in der Aufgabenverteilung, und diese ständigen Überlappungen führten zu Reibereien. Sie wusste, dass es Zeit war, diesen Konflikt ein für alle Mal zu lösen – aber nicht durch oberflächliche Lösungen. Es musste tiefer gehen.

„Okay, wir machen jetzt folgendes," sagte Lucy und sah jeden im Team direkt an. „Ich möchte, dass wir uns die Zeit nehmen, um wirklich über unsere Rollen nachzudenken – und über die Aufgaben, die wir übernehmen wollen, basierend auf unseren Stärken. Aber es wird nicht nur dabeibleiben, dass jeder seine Spezialaufgaben hat. Ich will, dass wir uns gegenseitig auch in neue Bereiche einarbeiten."

Simon hob eine Augenbraue. „Was meinst du damit?"

„Ich rede davon, dass wir nicht nur die Aufgaben nach euren Stärken verteilen, sondern dass jeder von euch auch zusätzliche Verantwortung bekommt – mehr Entscheidungsfreiheit, aber auch mehr Verantwortung für Bereiche, die nicht direkt eure Kernaufgabe sind." Lucy sah zu Momo. „Momo, du könntest zum Beispiel nicht nur das Design und die Präsentation der Verkaufsflächen übernehmen, sondern auch lernen, wie man Werkzeuge effizient organisiert. So kannst du Simon entlasten, und gleichzeitig verstehst du besser, wie wichtig seine Arbeit ist."

Momo blickte überrascht, nickte dann aber langsam. „Ich glaube, das könnte funktionieren."

Lucy wandte sich an Simon. „Simon, du bist ein Experte, wenn es um die Werkzeuge geht. Aber ich möchte, dass du auch mehr Verantwortung für das Design und die Präsentation der Flächen übernimmst – zumindest in den Bereichen, wo deine Werkzeuge liegen. So könntest du sicherstellen, dass du genug Platz hast, ohne dass es chaotisch aussieht."

Simon zögerte, dann nickte er langsam. „Das klingt... fair."

„Aber das ist noch nicht alles", fuhr Lucy fort. „Becky, du wirst nicht nur die Pflanzenpflege übernehmen, sondern auch Workshops für das Team leiten. Du hast so viel Wissen über Pflanzenkrankheiten und Pflege – es ist Zeit, dass du dieses Wissen mit uns teilst. Wir alle können von dir lernen."

Beckys Augen weiteten sich. „Meinst du wirklich?"

Lucy lächelte. „Ja, wirklich. Du bist eine Expertin, und es wird Zeit, dass du diese Rolle voll auslebst."

„Und Jay", wandte sich Lucy an den ältesten Mitarbeiter im Team, „du bist hervorragend im Kundenkontakt, aber ich möchte, dass du auch mehr Verantwortung für die Schulung neuer Mitarbeiter übernimmst. Du hast so viel Erfahrung, und du kannst uns allen helfen, besser mit den Kunden umzugehen."

Jay lächelte sanft. „Das könnte ich tun."

In diesem Moment tauchte Herr Nowatzki auf, seine Stirn wie gewohnt in tiefe Falten gelegt. „Hmpf, das klingt ja alles schön und gut, aber zu meiner Zeit..."

Lucy unterbrach ihn, bevor er weiterreden konnte, jedoch ohne jegliche Schärfe. „Herr Nowatzki, zu Ihrer Zeit haben Sie das Team stark gemacht, und wir haben viel von Ihnen gelernt. Aber jetzt geht es darum, die Stärken und Talente jedes Einzelnen noch besser zu nutzen. Ich bin sicher, Sie verstehen, wie wichtig es ist, dass wir uns weiterentwickeln."

Nowatzki zog eine Augenbraue hoch, blieb jedoch still. Nach einem Moment des Schweigens nickte er leicht, als würde er zumindest teilweise akzeptieren, dass die Zeiten sich geändert hatten. „Mal sehen, wie lange das gut geht", murmelte er und wandte sich ab, aber es war klar, dass er die Idee zumindest ernst nahm.

Lucy atmete tief durch und sah ihr Team an. „Wir werden ab jetzt unsere Stärken fokussieren, aber gleichzeitig lernen, über unsere Komfortzonen hinauszugehen. Jeder von uns wird ein größeres Stück Verantwortung tragen – nicht nur für die eigenen Aufgaben, sondern auch für das Gesamtbild. Wenn wir uns gegenseitig unterstützen und gleichzeitig unsere individuellen Talente fördern, können wir als Team wirklich wachsen."

Simon, Momo, Becky und Jay nickten langsam. Die Wut und Frustration von vorher war einer neuen Entschlossenheit gewichen. Sie alle verstanden, dass dies ein neuer Anfang war – eine Chance, ihre Arbeit nicht nur besser zu strukturieren, sondern auch als Team zu wachsen und ihre individuellen Stärken voll auszuleben.

Als das Team sich wieder an die Arbeit machte, herrschte eine neue Atmosphäre der Klarheit und des Respekts. Jeder wusste, worauf er sich konzentrieren sollte, und gleichzeitig war jeder bereit, in anderen Bereichen Verantwortung zu übernehmen. Es war, als ob ein neues Kapitel in der Gärtnerei aufgeschlagen wurde – ein Kapitel, in dem Teamarbeit und Talente gezielt gefördert wurden.

Am Ende des Tages lächelte Lucy zufrieden. Es war ein harter Tag gewesen, aber sie hatte das Gefühl, dass sie gemeinsam etwas Großes erreicht hatten.

Momo saß auf dem Rückweg nach Hause im Bus, die Kopfhörer tief in die Ohren gesteckt und den Kopf gegen die Fensterscheibe gelehnt. Der Tag hatte sie erschöpft, aber auf eine seltsam befriedigende Art. Zum ersten Mal seit Wochen hatte sie das Gefühl, dass ihre Arbeit nicht nur ein Wirrwarr an Aufgaben war, sondern dass sie endlich die Chance bekam, etwas zu gestalten – und das im wahrsten Sinne des Wortes.

Lucys Worte gingen ihr immer noch durch den Kopf. Mehr Verantwortung. Mehr Möglichkeiten, ihre Ideen umzusetzen. Sie fühlte, wie sich eine leise Euphorie in ihrem Bauch ausbreitete, und für einen Moment konnte sie das Grinsen nicht unterdrücken, das sich auf ihr Gesicht schlich. Momo hatte immer gewusst, dass sie kreativ war, aber dass sie nun auch die Chance hatte, das Design und Marketing der Gärtnerei mitzugestalten, das war ein Traum, den sie lange still gehegt hatte.

Als der Bus an ihrer Haltestelle hielt, sprang sie leichtfüßig hinaus und lief durch die belebten Straßen zu ihrer Wohnung. Die Sonne ging langsam unter, und der Himmel färbte sich in warme Rot- und Orangetöne. Ein perfekter Abend, dachte sie. Sie fühlte sich befreit, als ob eine schwere Last von ihren Schultern gefallen war.

Noch bevor sie ihre Wohnungstür erreichte, zückte Momo ihr Handy und tippte rasch eine Nachricht an ihre Freundinnen.

Momo: „Mädels, heute war der Hammer-Tag schlechthin! Lucy hat uns neue Verantwortlichkeiten übertragen, und ich darf jetzt die Verkaufsflächen gestalten und das Marketing mitentwickeln! 😍 Endlich kann ich meine ganzen Ideen umsetzen!"

Kurz darauf ploppten die Antworten auf ihrem Bildschirm auf.

Tanja: „Was?! Das ist ja mega! Jetzt kannst du richtig Gas geben, Momo! 💪🔥“

Lina: „Endlich! Du hast so viele coole Ideen, die Gärtnerei wird bombastisch aussehen! Wann feiern wir das? 🍾“

Momo grinste breit, als sie die Nachrichten las. Sie fühlte, wie das Feuer in ihr wieder entfacht wurde. „Feiern“ – das war genau das, was sie jetzt brauchte. Sie antwortete schnell:

Momo: „Heute Abend, wie wär's? Lasst uns tanzen gehen! Ich habe so viel Energie, das muss raus!“

Ihre Freundinnen waren sofort dabei, und Momo konnte es kaum erwarten, sich für den Abend fertigzumachen. Nachdem sie ihre Wohnung betreten hatte, drehte sie die Musik laut auf, während sie sich umzog – ein energiegeladener Beat, der perfekt zu ihrer Stimmung passte. Sie wählte ein auffälliges Outfit, das ihre Persönlichkeit widerspiegelte: bunt, kreativ, ein bisschen rebellisch. Momo schaute in den Spiegel und zwinkerte sich selbst zu. „Heute rockst du, Girl.“

Später in der Nacht, als sie mit ihren Freundinnen in einem kleinen, aber lebhaften Club stand, fühlte sie sich, als könnte sie die Welt erobern. Der Rhythmus der Musik durchströmte ihren Körper, und sie tanzte sich all die Anspannung der letzten Wochen von der Seele. Ihre Freundinnen lachten, jubelten und genossen den Moment, während Momo sich frei und unaufhaltsam fühlte.

Tanja lehnte sich zu ihr herüber und schrie ihr durch den Lärm des Clubs zu: „Du strahlst heute richtig, Momo! Was hast du mit dir gemacht?“

Momo lachte, warf ihren Kopf in den Nacken und ließ die Musik auf sich wirken, bevor sie antwortete: „Es ist Lucy! Sie hat mich heute an meine Stärken erinnert und mir gezeigt, dass ich viel mehr kann, als ich gedacht habe. Und jetzt… jetzt kann ich endlich durchstarten!"

Lina, die neben ihnen tanzte, stieß sie an. „Ich habe das Gefühl, dass da noch Großes kommt bei dir, Momo. Du siehst richtig glücklich aus."

Momo nickte, während sie weiter im Takt der Musik tanzte. „Ja", rief sie fröhlich, „und das Beste ist: Das ist erst der Anfang!"

Während sie noch lange in der Nacht tanzte, wusste Momo, dass sie nicht nur einen guten Tag hinter sich hatte – sie war auf dem besten Weg, ihre Träume wahr werden zu lassen. Es war, als hätte jemand eine Tür geöffnet, hinter der all ihre kreativen Ideen und Talente nur darauf gewartet hatten, endlich freigelassen zu werden.

An diesem Abend ging sie nicht nur zufrieden ins Bett – sie fühlte sich bereit für alles, was kommen würde.

Lucys Erfolgstagebuch

Datum: 21. August

Worauf ich stolz bin! Ich habe eine große Herausforderung im Team bewältigt. Die Spannungen zwischen Simon und Momo hätten leicht zu einem ernsthaften Konflikt führen können, aber ich habe es geschafft, das Gespräch so zu lenken, dass wir nicht nur die Situation geklärt, sondern auch eine nachhaltige Lösung gefunden haben. Mir ist bewusst geworden, wie sehr jeder von uns in seinen eigenen Aufgaben gefangen war und das Gefühl hatte, dass er für die Arbeit anderer verantwortlich gemacht wird. Die Einführung klarer Aufgabenbereiche und das Vertrauen, dass jeder in seiner Rolle die Verantwortung übernimmt, haben uns als Team gestärkt.

Besonders stolz bin ich darauf, dass ich es geschafft habe, nicht nur die Arbeit klarer zu strukturieren, sondern auch die Talente jedes Einzelnen stärker in den Vordergrund zu rücken. Dadurch konnte jeder seine Stärken ausspielen und das Gefühl zurückgewinnen, dass er etwas Wertvolles beiträgt. Es hat mir gezeigt, dass Führung nicht nur darin besteht, die Probleme zu lösen, sondern das Team zu motivieren, Verantwortung zu übernehmen und gemeinsam Lösungen zu erarbeiten. Das Team hat heute nicht nur die anstehenden Aufgaben bewältigt, sondern ist dabei auch als Einheit stärker geworden. Besonders Simon und Momo haben am Ende des Tages eine völlig neue Energie ausgestrahlt – das hat mich tief berührt.

Was ich optimieren will: Es wurde deutlich, dass ich früher hätte eingreifen müssen, als sich die Spannungen aufbauten. Anstatt zu warten, bis es zu einem offenen Konflikt kommt, werde ich in Zukunft sensibler auf die kleineren Anzeichen achten und regelmäßige Check-ins mit dem Team durchführen. Mir wurde auch bewusst, dass es wichtig ist, in den Diskussionen klare Regeln und Strukturen zu schaffen, damit jeder weiß, wann und wie er sich einbringen kann, ohne die Verantwortung eines anderen zu übernehmen.

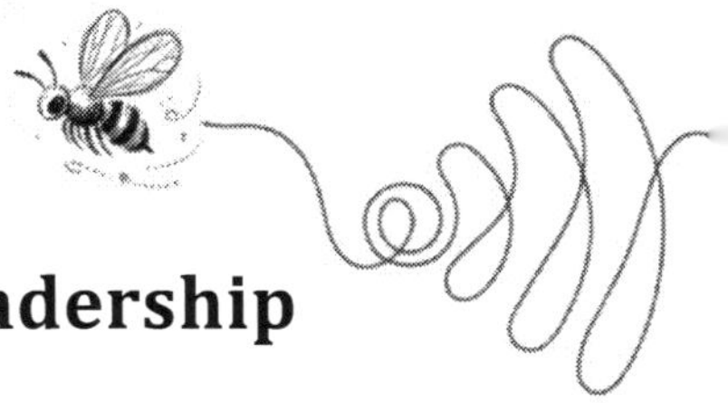

Lucys Vibes für positives Leadership

Was hat Lucy vollbracht? Lucy hat durch eine klare und bewusste Neuzuweisung von Aufgaben den individuellen Stärken und Talenten ihres Teams mehr Raum gegeben. Lucy hat in einer angespannten Situation bewiesen, wie wichtig es ist, auf die unterschiedlichen Talente im Team einzugehen und auch glasklare Verantwortungsbereiche zu schaffen. Durch ein gezieltes Eingreifen hat sie nicht nur den Konflikt zwischen Simon und Momo entschärft, sondern auch eine dauerhafte Lösung gefunden, die auf die Stärken jedes Einzelnen im Team abzielt. Indem sie die Aufgaben neu verteilt und jedem mehr Verantwortung für seinen spezifischen Bereich übertragen hat, konnte sie das Team zu einem Punkt führen, an dem alle wieder motiviert und voller Energie arbeiten. Diese Form der individuellen Förderung hat das Team nicht nur harmonisiert, sondern auch die Produktivität gesteigert.

Was kannst du tun? Setze dich mit deinem Team zusammen und analysiere, welche Stärken jeder Einzelne hat. Es ist wichtig, dass jeder seine Fähigkeiten gezielt einbringen kann und nicht das Gefühl hat, Aufgaben anderer übernehmen zu müssen. Entwickle einen Plan, wie du die Arbeit so verteilen kannst, dass jeder seine Rolle klar versteht und in seinem Bereich die Verantwortung übernimmt. Gleichzeitig solltest du darauf achten, dass das Team als Ganzes harmoniert und sich gegenseitig unterstützt. Förderung der Talente bedeutet nicht, dass jeder nur „sein Ding" macht – es geht darum, das Gesamtbild im Auge zu behalten, während man jedem die Freiheit gibt, seine Stärken auszuleben.

Was bringt es deinem Team? Wenn du die Talente deiner Teammitglieder richtig einsetzt und ihre Mitbestimmung förderst, wird die Zusammenarbeit effizienter und harmonischer. Dein Team wird sich stärker mit seiner Arbeit identifizieren, was das Engagement erhöht. Durch klare Aufgabenverteilungen und die Möglichkeit, die eigenen Stärken auszuspielen, wird jede Mitarbeiterin und jeder Mitarbeiter zufriedener und motivierter. Außerdem fördern die Transparenz und offene Kommunikation eine Kultur des Vertrauens und der Unterstützung, in der sich jeder sicher fühlt, seine Meinung zu äußern und sich aktiv einzubringen.

Was hast du als Führungskraft davon? Durch die klare Aufgabenverteilung und das gezielte Einsetzen der Talente deines Teams schaffst du nicht nur mehr Effizienz, sondern auch eine Arbeitsatmosphäre, in der sich die Mitarbeiterinnen und Mitarbeiter selbst organisieren. Das bedeutet für Dich als Führungskraft, dass du weniger im operativen Tagesgeschäft stecken bleibst und Dir mehr Freiraum für strategische Entscheidungen verschaffen kannst. Wenn dein Team seine Stärken kennt und diese einsetzt, läuft vieles von allein. Du kannst Dich als Führungskraft auch mal zurücklehnen, weil du weißt, dass deine Mitarbeiterinnen und Mitarbeiter ihre Aufgaben selbstständig und mit vollem Einsatz erledigen. Die Zeit, die du gewinnst, kannst du nutzen, um Dich weiterzuentwickeln, neue Projekte zu planen oder einfach durchzuatmen, ohne ständig eingreifen zu müssen. Auf diese Weise reduzierst du den Stress und bleibst langfristig leistungsfähig und motiviert – das ist der wahre Vorteil für Dich als Führungskraft.

Dein Call-to-Action: Nimm Dir morgen Zeit, um mit jedem Mitglied deines Teams ein kurzes Gespräch zu führen. Frage sie, welche Aufgaben sie am liebsten übernehmen und wo sie sich noch mehr einbringen könnten. Überdenke danach die Aufgabenverteilung: Gibt es Bereiche, in denen die Talente deines Teams besser genutzt werden könnten? Definiere klare Verantwortlichkeiten und schaffe Transparenz darüber, wer für welche Aufgaben zuständig ist. Setze in der nächsten Teamrunde eine offene Diskussion darüber an, wie die Zusammenarbeit verbessert werden kann, und lasse dein Team mitbestimmen. Indem du diese kleinen, konkreten Schritte gehst, wirst du sofort eine Veränderung in der Dynamik deines Teams bemerken und ihre Motivation steigern.

Was sind deine Erkenntnisse bisher?

....

....

....

....

....

....

....

....

....

....

....

....

....

....

....

....

....

”

Ich habe keine besondere Begabung, sondern bin nur leidenschaftlich neugierig.

(Albert Einstein)

Vibe 9: Äste beschneiden & Raum für Neues schaffen

Die Sonne hing hoch am Himmel, aber Lucy fühlte, wie sich Schatten über ihre Gedanken legten. Die letzten Wochen hatten sie stark gefordert. Ihre Gärtnerei wuchs, die Kunden strömten herein, die Aufträge stapelten sich, und der Erfolg lag eigentlich greifbar vor ihr. Aber das Gefühl, unter der Last der Verantwortung zu zerbrechen, wuchs ebenfalls. Und heute hatte sich dieser Druck auf dramatische Weise entladen.

Es war ein Montag, der als hektisch und chaotisch in ihrer Erinnerung bleiben würde. Lucy hatte sich um alles gekümmert: Kunden beraten, Bestellungen abwickeln, die Finanzen prüfen und einen dringenden Anruf von einem unzufriedenen Kunden entgegennehmen, dessen Großauftrag sie durch ihre Unorganisiertheit versäumt hatte. Die Pflanzen, die er für eine prestigeträchtige Veranstaltung benötigt hatte, waren nicht rechtzeitig geliefert worden. Die Enttäuschung und Wut in seiner Stimme hatten ihr das Herz zusammengeschnürt. Es war eine Katastrophe. Dieser Auftrag hätte die Gärtnerei auf ein neues Level heben können – stattdessen war ihr Ruf beschädigt.

Lucy war fix und fertig. Sie hatte in den letzten Wochen alles versucht, aber jetzt sah sie, dass sie es nicht mehr alleine schaffen konnte. Sie fühlte sich wie ein Flaschenhals – alle Entscheidungen mussten durch sie, jeder kleine Fehler landete auf ihrem Schreibtisch, und das führte zu immer mehr Verzögerungen und Fehlern. Die Gärtnerei, die einst ihre Leidenschaft und Zuflucht gewesen war, fühlte sich plötzlich wie eine endlose Quelle von Problemen an. Das war nicht das, wofür sie diesen Beruf gewählt hatte.

Gerade als sie sich eine kurze Pause gönnen wollte, trat Herr Nowatzki auf sie zu. Er stand mit seiner üblichen mürrischen Haltung da, die Arme verschränkt, seine Augen auf sie gerichtet, als würde er jede ihrer Bewegungen kritisch bewerten.

„Und was ist das jetzt wieder?" schnarrte er, seine Stimme war kalt und spöttisch. „Dieser große Auftrag? Ruiniert? Weil du es nicht schaffst, die Dinge im Griff zu behalten?"

Lucys Magen zog sich zusammen. Sie wollte ihm nicht zuhören, wollte nicht schon wieder seine Kritik hören, aber sie wusste, dass er nicht aufhören würde, bis er fertig war.

„Ich habe dir von Anfang an gesagt, dass du nicht alles alleine machen kannst," fuhr er fort, seine Augen verengten sich zu schmalen Schlitzen. „Du hast zu viel Verantwortung auf dich genommen. Du wolltest beweisen, dass du es besser kannst als ich, und was ist das Ergebnis? Ein verlorener Auftrag und ein verlorener Kunde. Und das alles nur, weil du glaubst, dass du unersetzlich bist."

Seine Worte trafen Lucy hart. Sie wollte ihm widersprechen, wollte sagen, dass sie hart gearbeitet hatte, dass sie es versucht hatte, aber tief in sich wusste sie, dass er recht hatte. Sie war an ihre Grenzen gestoßen, weil sie nicht loslassen konnte.

„Es ist nicht einfach, Herr Nowatzki," begann Lucy, ihre Stimme zitterte leicht. „Ich versuche, alles zusammenzuhalten, aber es gibt Tage…"

„Tage, an denen du scheiterst," unterbrach er sie scharf. „Und das Schlimmste ist, dass dein Team unter deinem Versagen leidet. Du musst lernen, zu delegieren. Das ist die erste Regel, die ich dir beibringen wollte, und du hast sie nie gelernt."

Sein Blick bohrte sich in ihren, und Lucy spürte, wie ihre Schultern sanken. Sie hatte versagt, und es war Zeit das zuzugeben – nicht nur vor ihm, sondern vor sich selbst. Sie konnte es nicht länger leugnen: Sie musste loslassen und Verantwortung an ihr Team abgeben.

Nachdem der schlimmste Ansturm des Tages vorüber war, sammelte Lucy ihr Team in der hinteren Ecke der Gärtnerei. Die Sonne warf lange Schatten über die Tische und Pflanzen, während das Summen der Bienen in der Luft hing. Ihre Hände zitterten leicht, als sie sich vor die Gruppe stellte.

„Leute," begann Lucy, ihre Stimme war fest, aber sie spürte das Kribbeln der Nervosität in ihrem Nacken. „Ich habe heute einen gravierenden Fehler gemacht. Wir haben einen wichtigen Auftrag verloren, weil ich zu viel allein übernehmen wollte und den Überblick verloren habe." Sie hielt kurz inne und sah in die Gesichter ihres Teams, die erstaunt und besorgt auf sie blickten. „Es tut mir leid, dass ich euch dadurch mehr Arbeit gemacht habe, aber vor allem tut es mir leid, dass ich nicht auf euch gesetzt habe. Ich habe versucht, alles zu kontrollieren, und das hat uns alle zurückgehalten."

Momo schaute Lucy mit großen Augen an. Ihre Stimme war leise, fast ein Flüstern. „Wir wussten nicht, dass du solche Schwierigkeiten hast, Lucy. Du schienest immer so… stark."

„Ich wollte stark sein," gab Lucy zu. „Aber in Wahrheit habe ich mich überfordert. Es war dumm von mir, zu denken, dass ich alles allein machen kann. Ich hätte schon längst Aufgaben abgeben sollen."

Simon trat vor und verschränkte die Arme. „Du weißt, wir sind hier, um dir zu helfen. Aber du musst uns auch vertrauen."

Lucy nickte langsam, dankbar für seine Worte. „Das ist es genau, Simon. Ab jetzt werde ich mehr Verantwortung an euch abgeben, und ich brauche euch, damit wir gemeinsam erfolgreich sind."

Lucy erinnerte sich daran, was sie in einer Fortbildung über das Delegieren gelernt hatte. Sie setzte sich mit jedem einzelnen Teammitglied zusammen und sprach gezielt über die Aufgaben, die sie abgeben musste.

„Becky," sagte Lucy, „Du bist unglaublich gut darin, den Überblick über die Bestellungen zu behalten. Du kennst die Bedürfnisse unserer Kunden besser als jeder andere.

Ich möchte, dass du dich in Zukunft um die Bestellungen kümmerst. Das bedeutet auch, dass du die Lieferungen koordinierst und sicherstellst, dass alles rechtzeitig ankommt."

Becky wirkte zuerst überrascht, doch dann breitete sich ein Lächeln auf ihrem Gesicht aus. „Ich werde mein Bestes geben, Lucy. Ich weiß, dass ich das schaffen kann."

Lucy lächelte sie offen und ermutigend an. „Ich bin mir sicher, dass du das kannst. Und ich werde immer da sein, um dich zu unterstützen."

Dann wandte sich Lucy an Simon. „Simon, du hast ein unglaubliches Talent für Logistik.

Ich möchte, dass du dich um die Lieferungen und die Lagerverwaltung kümmerst. Du wirst dafür verantwortlich sein, dass wir immer die richtigen Bestände haben und die Abläufe in der Gärtnerei reibungslos funktionieren."

Simon nickte ernst. „Verlass dich auf mich. Ich werde das in den Griff bekommen."

Momo stand etwas abseits, ihre Arme verschränkt, und Lucy sah, dass sie besorgt war. „Momo," sagte Lucy sanft, „ich weiß, dass du eine kreative Seele bist. Aber ich brauche dich auch für die Kundenkommunikation. Du wirst die Ansprechpartnerin für unsere Kunden sein und sicherstellen, dass ihre Anfragen bearbeitet werden und sie zufrieden sind."

Momo atmete tief ein, ihre Augen flackerten kurz unsicher, bevor sie fest auf Lucy blickte. „Ich werde mein Bestes geben. Ich habe zwar noch nie so viel Verantwortung übernommen, aber ich bin bereit, es zu versuchen."

Lucy nickte. „Und du wirst großartig darin sein, Momo. Du hast das richtige Gespür dafür, wie man Menschen anspricht. Ich weiß, dass du das meistern wirst."

In den nächsten Tagen spürte Lucy, wie sich die Dynamik im Team veränderte. Die Atmosphäre in der Gärtnerei wurde ruhiger, produktiver, fast mühelos. Becky hatte die Bestellungen perfekt unter Kontrolle, Simon übernahm die Logistik und Momo war eine brillante Kundenkommunikatorin. Lucy fühlte sich zum ersten Mal seit Langem erleichtert. Sie konnte sich endlich wieder auf die langfristige Planung konzentrieren, ohne ständig im Stress der täglichen Aufgaben unterzugehen.

Am Abend, als die Sonne bereits hinter den Hügeln verschwand und der Himmel in sanftes Orange getaucht war, ging Lucy mit ihrem Freund Bodo spazieren. Die frische Luft tat gut, und das leise Rascheln der Blätter im Wind beruhigte ihre Nerven. Sie hatte den Tag über delegiert, losgelassen, Verantwortung abgegeben – aber die innere Anspannung war noch nicht ganz verschwunden.

„Heute war echt schwer", begann Lucy zögerlich, während sie ihre Hände in die Taschen ihrer Jacke schob. Bodo warf ihr einen kurzen Seitenblick zu, seine Augen voller Verständnis. „Ich habe einen riesigen Auftrag verbockt. Wir haben ihn verloren, weil ich zu viel auf einmal machen wollte. Alles selbst in der Hand haben zu wollen... Ich dachte, ich muss stark sein und alles alleine schaffen, aber ich habe mich nur überfordert."

Bodo schüttelte sanft den Kopf und nahm ihre Hand. „Du musst nicht alles alleine machen, Lucy. Das weißt du, oder?" Seine Stimme war ruhig, fest, aber auch tröstend. „Du hast ein Team, das dir helfen will. Du musst ihnen nur vertrauen."

Lucy nickte langsam und sah auf den Boden vor sich. „Ich weiß... und das habe ich heute gelernt. Ich habe mit jedem von ihnen gesprochen und Aufgaben vereinbart. Es fühlt sich komisch an, aber gleichzeitig... irgendwie richtig. Ich habe gesehen, wie sie aufblühen, als sie Verantwortung übernommen haben. Sie waren motivierter, sicherer – und ich konnte endlich mal durchatmen."

Bodo lächelte sanft. „Das klingt, als hättest du heute etwas wirklich Wichtiges erkannt."

Lucy blieb stehen und sah zu ihm auf. „Ich denke, das habe ich. Es war schwer, aber ich habe gemerkt, dass ich nicht unersetzlich bin. Und das ist okay. Ich habe ein Team, das stark ist – wenn ich ihnen den Raum gebe, das zu zeigen."

Bodo zog sie in eine feste Umarmung, und Lucy lehnte ihren Kopf gegen seine Brust. „Ich bin stolz auf dich, Lucy", sagte er leise. „Es braucht Mut, zuzugeben, dass man nicht alles alleine machen kann."

Lucy seufzte und schloss die Augen, die Wärme von Bodos' Umarmung beruhigte sie. „Ich fühle mich erleichtert", murmelte sie. „Aber auch... ein bisschen ängstlich. Was, wenn ich wieder die Kontrolle verliere?"

Bodo drückte sie sanft. „Es wird nicht immer perfekt laufen, und das ist okay. Aber jetzt weißt du, dass du nicht allein bist. Dein Team ist da, um dir den Rücken freizuhalten. Und ich bin hier, um dich zu unterstützen."

Lucy lächelte und fühlte, wie die letzten Spannungen des Tages von ihr abfielen. „Danke", flüsterte sie. „Das bedeutet mir viel."

Als sie weitergingen, fühlte Lucy sich leichter. Sie hatte heute einen wichtigen Schritt gemacht – nicht nur für ihr Team, sondern auch für sich selbst. Der Weg war noch lang, aber sie wusste, dass sie nicht allein war.

Lucys Erfolgstagebuch

Datum: 19. April

Worauf ich stolz bin! Ich habe einen großen Schritt gemacht, indem ich wichtige Aufgaben an mein Team delegiert habe. Ich habe erkannt, dass ich nicht alles selbst machen kann, und dass das Vertrauen in mein Team der Schlüssel ist, um die Gärtnerei erfolgreich zu führen. Besonders gut war, dass ich Becky, Simon und Momo die Verantwortung für spezifische Aufgaben übertragen habe, die mich früher überfordert haben. Es war großartig zu sehen, wie sie sich in ihren neuen Rollen entwickelt haben und mit viel mehr Energie und Engagement an die Arbeit gegangen sind. Ich habe ihnen nicht nur klare Aufgaben gegeben, sondern auch mein Vertrauen ausgesprochen, was dazu führte, dass sie selbstbewusst und motiviert arbeiteten.

Was ich optimieren will: Beim nächsten Mal werde ich noch früher delegieren, bevor ich mich überfordert fühle. Ich habe heute gelernt, dass mein Zögern, Aufgaben abzugeben, nicht nur mich, sondern auch mein Team zurückgehalten hat. Ich werde mehr darauf achten, Warnsignale früher zu erkennen und Aufgaben schneller zu verteilen, damit wir als Team effizienter arbeiten können. Ich möchte außerdem sicherstellen, dass ich regelmäßiger Feedback-Runden einführe, um zu überprüfen, wie sich jeder in seiner neuen Rolle fühlt und ob weitere Unterstützung benötigt wird.

Lucys Vibes für positives Leadership

Was kannst du tun? Überlege, welche Aufgaben dich immer wieder überfordern oder unnötig aufhalten. Identifiziere Teammitglieder, die diese Aufgaben übernehmen könnten, und erkläre ihnen klar, was du von ihnen erwartest. Gib ihnen die Verantwortung und das Vertrauen, diese Aufgaben eigenständig zu erledigen, und ermutige sie, dich bei Problemen anzusprechen.

Was bringt es deinem Team? Das Delegieren stärkt das Verantwortungsgefühl und das Selbstvertrauen deines Teams. Jeder wird motivierter, wenn er weiß, dass ihm wichtige Aufgaben anvertraut werden und seine Arbeit einen direkten Einfluss auf den Erfolg des Teams hat. Gleichzeitig fördert es die Eigenverantwortung und erhöht die Zufriedenheit, weil die Teammitglieder sich wertgeschätzt und als Teil des größeren Ganzen fühlen.

Was hast du als Führungskraft davon? Du kannst dich auf das große Ganze konzentrieren, anstatt dich in den täglichen Details zu verlieren. Durch das Delegieren entlastest du dich selbst und schaffst Raum für strategisches Denken und langfristige Planung. Dein Team übernimmt mehr Verantwortung, was dir die Freiheit gibt, dich auch mal zurückzulehnen und zu sehen, wie die Dinge eigenständig laufen. Du wirst als eine unterstützende und vertrauensvolle Führungskraft wahrgenommen, was deine Position stärkt und dir auch in stressigen Phasen mehr Ruhe und Gelassenheit verschafft.

Dein Call-to-Action: Wähle heute noch eine Aufgabe aus, die du bisher selbst erledigt hast, obwohl sie dich überfordert oder unnötig viel Zeit kostet. Delegiere diese Aufgabe an ein Teammitglied, das die nötigen Fähigkeiten besitzt oder durch diese Herausforderung wachsen kann. Gib klare Anweisungen und ermutige zur Eigenverantwortung. Setze dir zum Ziel, diese Aufgabe nicht wieder an dich zu reißen, sondern dein Team damit wachsen zu lassen.

"

Wer die Welt bewegen will, sollte erst sich selbst bewegen.

(Sokrates)

Vibe 10: Blühen & gedeihen –Wohlbefinden fördern

Der Morgen war klar und frisch, als Lucy durch die Gärtnerei schlenderte, die Sonnenstrahlen sanft durch die Bäume drangen und die Pflanzen in goldenes Licht tauchten. Trotz der Schönheit um sie herum war Lucy mit ihren Gedanken bei ihrem Team. Die letzten Wochen waren hart gewesen, und sie hatte bemerkt, dass die Energie des Teams nachließ. Simon kämpfte immer noch mit seinem verletzten Rücken, Momo klagte häufiger über Kopfschmerzen, und Jay wirkte erschöpfter als sonst. Becky war wie immer ruhig und pflichtbewusst, doch auch sie sah in letzter Zeit gestresster aus.

Auf ihrem Weg durch die Gärtnerei blieb Lucy plötzlich vor der alten Gartenlaube stehen. Die Laube war überwuchert von dichtem Efeu, Spinnweben hingen von den verfallenen Dachsparren, und der gesamte Raum wirkte vernachlässigt und vergessen. Das Holz der Wände war verwittert und grau, und die Fenster waren mit Staub und Schmutz bedeckt. Ein sanfter Windstoß ließ die Tür knarren, und Lucy konnte einen Blick ins Innere werfen – Spinnweben hingen von den Balken, alte verstaubte Werkzeuge lagen in der Ecke, und die Atmosphäre war düster und muffig.

Doch Lucy konnte das Potenzial in der Laube sehen. Was wäre, wenn sie diesen Raum wiederbeleben könnte? Nicht nur für die Gärtnerei, sondern für das

Wohlbefinden ihres Teams? Es könnte ein perfekter Rückzugsort sein, ein Ort, an dem sie alle neue Energie tanken konnten.

Als das Team an diesem Morgen zusammenkam, beschloss Lucy, ihre Idee vorzustellen.

„Guten Morgen, alle zusammen“, begann sie und sah in die müden Gesichter ihres Teams. Simon hielt sich wie gewohnt vorsichtig den Rücken, Momo massierte ihre Schläfen, und Jay wirkte ausgebrannt. Becky stand ruhig da, doch ihre Stirn war leicht gerunzelt, als ob sie über etwas nachdachte.

Lucy atmete tief durch und sprach weiter: „Ich habe über unseren Arbeitsbereich nachgedacht und darüber, wie wir uns alle wohler fühlen können. Aber anstatt nur den Pausenraum zu ändern, dachte ich an etwas Größeres.“ Sie machte eine kurze Pause, bevor sie ihre Idee enthüllte: „Was haltet ihr davon, die alte Gartenlaube zu einem Raum zum Energietanken umzubauen? Ein Ort, an dem wir uns wirklich zurückziehen und entspannen können, mit mehr Platz und einer entspannten Atmosphäre?“

Das Team sah sie überrascht an. Momo war die Erste, die sprach. „Die alte Gartenlaube? Die, die komplett von Efeu überwuchert ist und aussieht, als wäre sie aus einem Gruselfilm?“

Lucy nickte. „Genau die. Sie ist groß genug für uns alle, und mit etwas Arbeit könnte sie zu einem großartigen Rückzugsort werden."

Simon rieb sich nachdenklich den Kiefer. „Das klingt nach einer Menge Arbeit, aber es hat Potenzial. Wenn wir die Laube wieder in Schuss bringen, könnten wir daraus wirklich etwas machen."

Becky lächelte leicht und nickte zustimmend. „Ich habe immer gedacht, dass die Laube zu schade ist, um sie ungenutzt verfallen zu lassen. Das wäre eine tolle Veränderung."

Jay nickte ebenfalls. „Es wäre schön, einen richtigen Ort zum Entspannen zu haben. Etwas, das uns hilft, wirklich zur Ruhe zu kommen."

Dann hob Becky schüchtern die Hand. „Eigentlich… mache ich auch Yoga", sagte sie leise. Das Team sah sie überrascht an. „Vielleicht könnten wir die Laube so gestalten, dass wir dort einmal pro Woche eine Yoga-Stunde machen könnten. Ich könnte das leiten. Es hilft wirklich, den Körper zu entspannen und Stress abzubauen."

Momo grinste. „Yoga, Becky? Das hätte ich nie gedacht, aber ich bin dabei!"

Simon lachte und klopfte sich auf den Rücken. „Mein Rücken wird es mir danken. Das ist eine großartige Idee."

Jay schloss sich an. „Ich bin auch dabei. Es wird uns allen guttun."

Lucy strahlte. „Das klingt fantastisch! Wir könnten die Laube so gestalten, dass sie ein Ort für Entspannung und Aktivitäten ist. Und Beckys Yoga-Stunden werden das perfekte Highlight sein."

Plötzlich hob Simon den Kopf, als ob ihm eine Idee gekommen wäre. „Wisst ihr, was mir gerade einfällt? Wir könnten doch auch unsere Kunden zu den Yoga-Stunden einladen. Stellt euch vor, wie viele Leute von der Gärtnerei hören würden, wenn sie hier Yoga machen! Es wäre eine tolle Möglichkeit, die Bindung zu unseren Kunden zu stärken."

Das Team blieb einen Moment still, bevor Momo begeistert in die Hände klatschte. „Das ist genial, Simon! Wir könnten die Yoga-Stunden über Social Media promoten. Ich stelle mir schon die coolen Bilder vor – wir könnten die Laube schön in Szene setzen, und das Ganze wird viral gehen. Wir könnten damit nicht nur unsere Stammkunden ansprechen, sondern auch neue Leute anziehen, die vielleicht noch nie hier waren."

Beckys Augen leuchteten auf. „Das wäre großartig! Es würde uns helfen, die Gärtnerei noch bekannter zu machen, und gleichzeitig hätten die Leute einen Ort, an dem sie sich entspannen können."

Lucy war begeistert. „Das ist eine brillante Idee. Wir könnten 'The Green Vibe' als unseren neuen Energieraum bewerben, einen Ort, an dem man nicht nur Pflanzen kaufen kann, sondern auch körperlich und geistig auftanken kann."

In den nächsten Tagen machte sich das Team daran, die Gartenlaube in „The Green Vibe" zu verwandeln. Zuerst musste der Efeu entfernt, die Spinnweben beseitigt und der Raum gründlich gereinigt werden. Simon kümmerte sich um die Reparaturarbeiten und stellte sicher, dass das Gebäude sicher und stabil war. Becky wählte sorgfältig Pflanzen aus der Gärtnerei aus, die den Raum in eine grüne Oase verwandelten. Momo brachte kreative Deko-Elemente wie bunte Kissen und inspirierende Zitate mit, die sie an die Wände hängte. Jay organisierte bequeme Matten und Stühle für die Yoga-Sitzungen und für Momente der Entspannung.

Am Ende der Woche war „The Green Vibe" kaum wiederzuerkennen. Die Laube, die einst überwuchert und verfallen war, war nun zu einem lebendigen und einladenden Rückzugsort geworden.

Die Pflanzen brachten Frische und Leben in den Raum, die weichen Kissen und bequemen Sitzmöglichkeiten luden zum Entspannen ein, und Beckys Yoga-Matten lagen bereit für die ersten Stunden.

Am Tag der ersten Yoga-Stunde war das Team aufgeregt, doch es herrschte auch eine gewisse Nervosität. Keiner von ihnen war ein wirklicher Yoga-Experte, und alle waren gespannt, wie es laufen würde. Becky begann ruhig und konzentriert mit einfachen Atemübungen. Das Team folgte ihr, doch es dauerte nicht lange, bis die erste lustige Begebenheit passierte.

Als Becky eine etwas kompliziertere Pose ankündigte – den herabschauenden Hund – versuchte Simon, die Position zu halten, verlor jedoch das Gleichgewicht und fiel auf seine Seite, direkt in eine der großen Pflanzen, die Becky aufgestellt hatte. Er sah für einen Moment perplex aus, bevor er sich den Rücken hielt und zu lachen begann. „Vielleicht bin ich doch nicht so flexibel, wie ich dachte!"

Das ganze Team brach in Lachen aus, und die entspannte Atmosphäre war wiederhergestellt. Momo rief scherzhaft: „Vorsicht, Simon! Wir wollen hier keine weiteren Rückenschäden!"

Jay lachte ebenfalls und versuchte, die gleiche Pose zu machen, was ihm nicht viel besser gelang. „Vielleicht sollten wir eine Yoga-Stunde für Anfänger einführen – oder zumindest eine für Leute mit zwei linken Füßen!"

Becky lächelte sanft, während sie die Gruppe ermutigte. „Keine Sorge, Leute. Das Wichtigste ist, dass wir Spaß haben und uns entspannen. Wir müssen nicht perfekt sein."

Nach der Stunde setzte sich das Team erschöpft, aber glücklich auf die Matten. Momo zog ihr Smartphone hervor und grinste breit. „Ihr müsst euch diesen Kommentar ansehen, den wir auf unseren Social-Media-Posts bekommen haben." Sie räusperte sich und las laut vor: „‚Yoga im Grünen, umgeben von Pflanzen? Wo kann ich mich anmelden? Und wenn ich während des herabschauenden Hundes in einen Kaktus falle, bekomme ich dann einen Rabatt auf meine nächste Pflanze?'"

Das Team brach in schallendes Gelächter aus, und selbst Lucy konnte sich das Lachen nicht verkneifen. „Vielleicht sollten wir eine besondere Kaktus-Kollektion für all unsere tollpatschigen Yogis einführen!"

Die erste Yoga-Stunde war ein Erfolg – nicht, weil alles perfekt lief, sondern weil das Team sich entspannen und Spaß haben konnte. „The Green Vibe" war nicht nur ein Ort der Entspannung, sondern auch ein Ort des Lachens und der Gemeinschaft geworden.

Als Herr Nowatzki an diesem Abend nach Hause kam, war er noch immer in Gedanken. Er ließ die Haustür hinter sich ins Schloss fallen und schnaufte laut, als er seine Schuhe auszog. Greta, seine Frau, saß gemütlich in ihrem Lieblingssessel im Wohnzimmer, das Strickzeug in der Hand, und sah ihn neugierig an.

„Na, wie war dein Tag in der Gärtnerei? Kannst nicht wirklich loslassen, oder?“ fragte sie mit einem warmen Lächeln, während sie ihn beobachtete. Sie kannte diesen Blick.

„Oh, wunderbar“, sagte Herr Nowatzki sarkastisch und ließ sich schwer auf das Sofa fallen. „Lucy hat sich mal wieder etwas ganz Ausgezeichnetes einfallen lassen. Eine Yoga-Stunde! Mitten in der Gärtnerei! Stell dir das vor. Sie wollen da jetzt alle herumturnen, als wären wir ein Wellness-Tempel und keine ordentliche Gärtnerei.“

Greta unterdrückte ein Lächeln und zog die Stirn leicht kraus. „Yoga? In der Gärtnerei? Das klingt doch eigentlich ganz nett.“

„Nett?“ Herr Nowatzki schnaubte und schüttelte den Kopf. „Nett ist es vielleicht, wenn man keine Ahnung hat, wie man eine Gärtnerei führt! Was ist mit harter Arbeit, mit dem Fokus auf das Wesentliche? Stattdessen sitzen sie da und machen Atemübungen, als ob das die Pflanzen zum Blühen bringt.“

Greta legte ihr Strickzeug beiseite und lehnte sich vor, ihre Stimme ruhig und besonnen. „Vielleicht bringt es die Menschen zum Blühen, mein Schatz“, sagte sie sanft. „Lucy versucht, das Team zusammenzuhalten und ihnen einen Platz zum Entspannen zu geben. Das ist doch nichts Schlechtes.“

Herr Nowatzki runzelte die Stirn, aber er schwieg einen Moment. Greta hatte oft diese Art, Dinge einfach und klar zu sehen, die ihm manchmal entging. „Das mag ja sein", brummte er schließlich, „aber eine Gärtnerei ist kein Day-Spa. Es ist ein Ort, an dem man arbeitet, nicht faulenzt."

Greta lächelte ihn liebevoll an und strich ihm über die Hand. „Du weißt, dass Lucy das Beste für die Gärtnerei will. Und du weißt auch, dass sie das gut macht. Sie bringt frischen Wind rein. Die Leute brauchen manchmal einfach ein bisschen Raum, um sich zu erholen. Glaubst du nicht, dass du ihr da etwas mehr Vertrauen schenken könntest?"

Herr Nowatzki sah seine Frau an und verzog das Gesicht, als hätte er eine Zitrone gegessen. „Vertrauen? Hmpf... Ich weiß nicht..."

„Ach, Anton", sagte Greta leise und drückte seine Hand fester. „Lucy ist wunderbar. Sie bringt das Team zusammen, sie denkt an die Menschen und an die Zukunft der Gärtnerei. So wie du früher. Sie macht das auf ihre eigene Art – und ich glaube, du kannst stolz auf sie sein."

Er blieb still und ließ den Kopf hängen, ein schwaches Lächeln umspielte schließlich seine Lippen, während er an Lucy dachte. „Naja, vielleicht hat sie doch mehr drauf, als ich gedacht hab", murmelte er. „Aber das mit dem Yoga... das werde ich nie verstehen."

Greta lachte herzlich. „Du musst ja auch nicht alles verstehen. Aber vielleicht lässt du Lucy einfach machen. Sie weiß, was sie tut."

Herr Nowatzki nickte langsam, während er sich im Sessel zurücklehnte. „Vielleicht hast du recht, Greta. Vielleicht..."

Lucys Erfolgstagebuch

Datum: 12. September

Worauf ich stolz bin! Wir haben es geschafft, die alte Gartenlaube in „The Green Vibe" zu verwandeln. Es war eine großartige Teamleistung, und es war inspirierend zu sehen, wie jeder seine Kreativität und Ideen eingebracht hat. Besonders stolz bin ich auf Beckys Idee, Yoga anzubieten – und auf Simons brillante Idee, unsere Kunden mit einzubeziehen. Wir haben nicht nur einen Raum geschaffen, sondern einen Ort, der uns als Team stärkt und uns mit unseren Kunden verbindet. Die erste Yoga-Stunde hat uns nicht nur entspannt, sondern auch zum Lachen gebracht. Es ist schön zu sehen, wie wir als Team zusammenwachsen.

Was ich optimieren will: Ich habe gelernt, dass es wichtig ist, Raum für kreative Ideen zu lassen und jedem die Möglichkeit zu geben, seinen Teil beizutragen. Beim nächsten Mal werde ich noch mehr darauf achten, dass alle ihre Gedanken äußern können, bevor wir eine endgültige Entscheidung treffen. Es ist wichtig, dass sich jeder gehört fühlt – und dass wir dabei den Spaß nicht vergessen!

Lucys Vibes für positives Leadership

Was hat Lucy vollbracht? Lucy hat mit ihrem Team nicht nur einen funktionalen Raum geschaffen, sondern einen Ort, der das Wohlbefinden und die Kreativität fördert. Durch „The Green Vibe“ hat sie eine Kultur der Entspannung und des Gemeinschaftsgefühls etabliert, die sowohl das Team als auch die Kunden näher zur Gärtnerei bringt. Indem sie die Teammitglieder ermutigte, ihre eigenen Ideen einzubringen, hat sie das Gefühl der Selbstwirksamkeit gestärkt und die Motivation des Teams gefördert.

Was kannst du tun? Ermutige dein Team, kreative Lösungen für das Arbeitsumfeld zu finden. Nutze ungenutzte Räume oder Ressourcen, um Orte der Entspannung und des Austauschs zu schaffen. Wenn sich Mitarbeiterinnen und Mitarbeiter wohl und eingebunden fühlen, steigt deren Bereitschaft, Verantwortung zu übernehmen und deren volle Leistung zu entfalten. Organisiere regelmäßige gemeinsame Aktivitäten, die nicht nur die Zusammenarbeit fördern, sondern auch Spaß machen und das Team emotional zusammenbringen.

Was bringt es deinem Team? Ein Raum wie „The Green Vibe“ bietet nicht nur einen Rückzugsort, sondern fördert auch das Gefühl der Zusammengehörigkeit. Das Team entwickelt eine tiefere Verbindung zueinander, was die Arbeitsmoral wie auch die Produktivität steigert. Wohlbefinden und Erholung am Arbeitsplatz reduzieren zudem Stress und tragen zu einem positiven und produktiven Arbeitsumfeld bei. Mitarbeiterinnen und Mitarbeiter, die sich geschätzt und entspannt fühlen, haben weniger Krankenstände und mehr Energie, sich den täglichen Herausforderungen zu stellen.

Was hast du als Führungskraft davon? Du profitierst direkt von einem motivierten und zufriedenen Team. Mitarbeiterinnen und Mitarbeiter, die sich in ihrem Arbeitsumfeld wohlfühlen, sind weniger krank, engagierter und loyaler. Außerdem wird dein Image als Führungskraft, die sich für das Wohl ihres Teams einsetzt, gestärkt. Dies erhöht nicht nur dein Ansehen innerhalb des Unternehmens, sondern steigert auch deinen Marktwert als empathische und innovative Führungskraft. Zufriedene Mitarbeiterinnen und Mitarbeiter sind letztendlich auch dein wohl stärkster Wettbewerbsvorteil, und ihre positiven Rückmeldungen und Erfolge reflektieren sich direkt auf deine eigene Karriere.

Dein Call-to-Action: Überlege Dir heute, wie du das Wohlbefinden und die Kreativität deines Teams fördern kannst. Gibt es ungenutzte Räume oder Ressourcen, die du in einen Ort des Rückzugs und der Erholung umwandeln kannst? Setze dich mit deinem Team zusammen und erarbeite gemeinsam kreative Ideen. Schaffe eine Atmosphäre, in der sich jeder wohlfühlt, und integriere Aktivitäten, die Spaß machen und den Zusammenhalt stärken. Starte gleich: Plane in den nächsten Tagen ein kurzes Teammeeting, bei dem alle ihre Ideen für einen Ort zum Energietanken einbringen.

”

Sei die Veränderung, die du in dieser Welt sehen möchtest.

(Ghandi)

Vibe 11: Natürliche Symbiosen & Wachsen durch Mentoring

Die Sonne stand bereits hoch am Himmel, und die Gärtnerei summte leise vor sich hin. Kunden streiften durch die Beete, die letzten Schmetterlinge flatterten zwischen den bunten Blüten umher. Doch trotz der friedlichen Szenerie spürte Lucy, dass unter der Oberfläche Spannungen brodelten. Es waren keine lauten Konflikte, sondern eher stillere, unterschwellige Reibereien. Sie wusste, dass es immer wieder zu Missverständnissen kam – diese schienen hauptsächlich mit den unterschiedlichen Arbeitsstilen ihrer Teammitglieder zusammenzuhängen.

Simon arbeitete effizient und strukturiert, während Momo kreativer und flexibler war. Simon hatte sich kürzlich beschwert, dass Momo zu oft Pausen machte, um auf ihr Handy zu schauen. „Sie wirkt oft, als wäre sie gar nicht bei der Sache", hatte er gesagt. Momo hingegen fühlte sich unverstanden und meinte, Simon sei zu streng und wenig flexibel. Becky, die immer auf Präzision und Sorgfalt achtete, kam oft nicht mit Jays traditionellem Ansatz klar, der die Kundenbeziehungen über alles stellte.

Lucy dachte an eine Situation letzte Woche zurück. Momo war dabei gewesen, eine Pflanzenlieferung zu sortieren, als Simon vorbeikam und sie zurechtwies: „Momo, wenn du dich mehr auf deine Arbeit konzentrieren würdest, wären wir hier längst fertig!" Momo hatte nur die Augen verdreht und gemurmelt: „Du verstehst nicht, wie ich arbeite. Ich brauche Pausen, um kreativ zu bleiben."

Lucy wusste, dass diese Unterschiede nicht einfach verschwinden würden, indem sie sie ignorierte. Stattdessen musste sie das Beste aus ihnen machen. Sie erinnerte sich an etwas, das sie während ihrer Lehrzeit hier in der Gärtnerei selbst gelernt hatte: dass der Austausch zwischen Menschen das wichtigste Werkzeug ist, um Wissen und Fähigkeiten zu vermehren. Vielleicht war es genau das, was ihr Team jetzt brauchte – gezieltes gegenseitiges Mentoring.

An diesem Morgen versammelte Lucy ihr Team zu einem Meeting. Die Stimmung war gemischt: Simon wirkte zurückhaltend, Momo sah skeptisch aus, Becky strahlte Ruhe aus, und Jay wartete geduldig, während er leicht mit dem Fuß wippte.

„Guten Morgen, alle zusammen", begann Lucy mit einer positiven, aber festen Stimme. „Ich habe in letzter Zeit gemerkt, dass wir alle unterschiedliche Ansätze haben, wie wir arbeiten und unsere Aufgaben angehen. Das ist nicht schlecht – im Gegenteil. Es bedeutet, dass wir alle unsere eigenen Stärken haben. Aber ich glaube, wir könnten viel voneinander lernen, wenn wir uns mehr austauschen."

Sie machte eine kurze Pause, um die Blicke des Teams aufzufangen. Momo verschränkte die Arme, und Simon schob die Hände in die Taschen. Lucy lächelte, um die Stimmung zu lockern.

„Was haltet ihr davon, wenn jeder von uns mal mit jemandem aus dem Team zusammenarbeitet, der anders an die Arbeit herangeht. So können wir voneinander lernen und besser verstehen, warum wir Dinge tun, wie wir sie tun."

Simon hob seine linke Augenbraue. „Wie genau soll das funktionieren?", fragte er, seine Stimme ruhig, aber es lag eine leichte Anspannung darin.

Lucy nickte. „Zum Beispiel könntest du, Simon, mit Momo zusammenarbeiten. Du könntest ihr zeigen, wie man effizienter arbeitet und Prioritäten setzt, und Momo könnte dir helfen, digitale Tools und Social Media besser zu nutzen, um Kunden zu erreichen."

Momo legte ihr Handy beiseite und hob die Augenbrauen. „Also... ich soll Simon beibringen, wie man Instagram benutzt?", fragte sie trocken, ein schelmisches Grinsen auf den Lippen. Ihre Stimme war spielerisch, doch in ihren Augen lag ein Funke Ernsthaftigkeit.

Simon zog die Mundwinkel leicht nach oben, fast unmerklich. „Vielleicht hilft mir das ja, zu verstehen, warum du ständig am Handy bist", antwortete er in einem Ton, der halb ernst, halb neckend war. Seine Stimme war dabei tiefer als gewöhnlich, als würde er versuchen, die Unsicherheit hinter einer Fassade von Professionalität zu verstecken.

Lucy lächelte, erleichtert, dass der Ton zwischen den beiden lockerer wurde. „Und Becky, du und Jay – ihr könntet voneinander lernen. Jay, du hast so viel Erfahrung im Umgang mit Kunden, und Becky, du bist unglaublich gut darin, die Pflanzen zu pflegen. Zusammen könntet ihr ein unschlagbares Team werden."

Jay, der lässig auf seinem Stuhl saß, nickte langsam. „Ich finde die Idee gar nicht schlecht", sagte er ruhig, seine Stimme tief und gelassen. „Ich könnte lernen, wie ich die Pflanzen besser in Schuss halte, und vielleicht kann ich dir zeigen, wie man mit den Kunden etwas lockerer umgeht."

Becky lächelte leicht, ein seltener Ausdruck der Zustimmung. „Das klingt vernünftig", sagte sie leise. Ihre Schultern, die sie immer so angespannt hielt, schienen sich ein wenig zu lockern.

In den folgenden Tagen begann das Buddy-System zu greifen. Simon und Momo arbeiteten zusammen, und obwohl es anfangs Schwierigkeiten gab – Simon hatte Mühe, Momos spontane Art zu verstehen, während Momo sich gegen Simons strukturierte Ansätze wehrte – merkten sie bald, dass sie voneinander profitierten. Simon zeigte Momo, wie sie ihre Zeit besser einteilen konnte, und Momo brachte ihm bei, wie er mit nur wenigen Klicks über Social Media eine größere Kundschaft erreichen konnte.

Becky und Jay fanden ebenfalls ihren Rhythmus. Jay lernte von Becky neue Techniken zur Pflanzenpflege, während Becky sich entspannter gegenüber den Kunden zeigte. Eines Tages, als Jay einem Stammkunden eine besonders gute Pflanze verkaufte, sah Becky zu und bemerkte, wie geschickt Jay die Beziehung pflegte. „Du hast wirklich ein Händchen für Menschen", sagte sie leise zu ihm, als der Kunde gegangen war. „Vielleicht kann ich das auch noch lernen."

Doch es gab auch Herausforderungen. Eines Nachmittags kam Simon zu Lucy und war sichtlich frustriert. „Es ist nicht einfach", gestand er, die Hände tief in den Taschen. „Momo hat einfach eine ganz andere Art zu arbeiten. Ich habe das Gefühl, dass sie sich nicht wirklich auf das konzentriert, was wichtig ist."

Lucy nickte. „Ich verstehe dich, Simon. Aber vielleicht liegt es daran, dass sie anders an die Arbeit herangeht als du. Versuch mal, mit ihr darüber zu sprechen, wie ihre Pausen ihr helfen, produktiver zu sein. Und vielleicht könnt ihr gemeinsam eine Balance finden, wie ihr ihre Flexibilität und deine Struktur vereinen könnt."

Kurze Zeit später kam auch Momo zu Lucy und ließ sich auf einen Stuhl plumpsen. „Simon ist manchmal wirklich streng", sagte sie mit einem tiefen Atemzug. „Er versteht nicht, dass ich kleine Pausen brauche, um mich zu konzentrieren. Ich bin nicht wie er, der stundenlang durchpowern kann."

Lucy lächelte aufmunternd. „Das ist okay, Momo. Vielleicht könntest du Simon erklären, warum diese Pausen dir helfen, kreativ und produktiv zu bleiben. Und gleichzeitig könntest du versuchen, seine Perspektive zu verstehen – warum Struktur für ihn so wichtig ist."

Die Dynamik im Team veränderte sich spürbar. Die Spannungen nahmen ab, und stattdessen entwickelte sich eine leise, aber starke Zusammenarbeit. Doch etwas fehlte noch – Lucy konnte es spüren. Trotz der positiven Entwicklung im Team fühlte sie sich immer wieder an einem Punkt blockiert. Da war eine Quelle von Wissen, die sie bisher nicht angezapft hatte: Herr Nowatzki.

Eines Abends beschloss Lucy, ihn direkt anzusprechen. Sie fand ihn in seinem Garten, wo er mit gerunzelter Stirn eine alte Gießkanne reparierte. Sein Blick war konzentriert, die Lippen fest aufeinandergepresst, und seine Bewegungen waren langsam, aber präzise. Lucy räusperte sich leicht, als sie nähertrat.

„Herr Nowatzki?" begann sie vorsichtig. Er sah auf, seine Augen schmal, als ob er erwartet hätte, dass sie gleich wieder von ihrer Idee abrücken würde.

„Ja, was ist?", brummte er, ohne seine Arbeit zu unterbrechen.

Lucy trat einen Schritt näher und verschränkte die Hände vor ihrem Bauch. „Ich wollte mit Ihnen sprechen. Sie haben so viele Jahre Erfahrung in der Gärtnerei... und ich würde wirklich gerne von Ihnen lernen."

Herr Nowatzki hielt inne und warf ihr einen scharfen Blick zu. „Lernen?" Sein Tonfall war sarkastisch, aber etwas in seinem Blick verriet, dass er überrascht war. „Du hast doch schon längst entschieden, alles anders zu machen."

Lucy atmete tief durch. „Ja, ich habe einige Dinge geändert", sagte sie ruhig. „Aber das heißt nicht, dass ich alles weiß. Ich habe großen Respekt vor dem, was Sie hier aufgebaut haben, und ich möchte von ihrer Erfahrung profitieren. Vielleicht könnten wir uns hin und wieder zusammensetzen und Sie erzählen mir, wie Sie bestimmte Dinge gehandhabt haben."

Herr Nowatzki schnaubte leise, ein Lächeln zuckte kurz über seine Lippen, aber es war mehr ein skeptischer Ausdruck als ein freundlicher. „Nun ja...", murmelte er,

„vielleicht kann ich dir tatsächlich noch das ein oder andere beibringen." Er legte die Gießkanne zur Seite und sah Lucy ernst an. „Aber erwarte nicht, dass ich dir das auf einem Silbertablett serviere. Wenn du was wissen willst, musst du genau hinhören."

Lucy nickte, ein ehrliches Lächeln breitete sich auf ihrem Gesicht aus. „Das werde ich. Ich bin bereit, zuzuhören."

Der Abend legte sich sanft über die Gärtnerei. Die letzten Sonnenstrahlen flackerten durch die Bäume, bevor sie der Dämmerung wichen. Die Gärtnerei war still geworden, nur noch das leise Rascheln der Blätter und das entfernte Summen der Bienen waren zu hören. Das Team hatte sich nach einem langen Tag auf den Heimweg gemacht, aber in Lucys Gedanken war die Arbeit noch nicht beendet. Sie hatte den Mut gefasst, auf Herrn Nowatzki zuzugehen, in der Hoffnung, von seiner Erfahrung zu lernen. Obwohl er ihr nur widerwillig zugesagt hatte, fühlte Lucy, dass es ein Schritt in die richtige Richtung war.

Währenddessen lag Herr Nowatzki bereits in seinem Schlafzimmer im Bett, neben ihm Greta, die ein dickes Buch in der Hand hielt. Ihre Lesebrille saß auf der Nasenspitze, und sie blätterte ruhig durch die Seiten, während die Lampe auf dem Nachttisch ein warmes Licht verbreitete.

„Weißt du, Greta," begann Herr Nowatzki schließlich, seine Stimme war ein wenig rauer als gewöhnlich, aber der Spott, der so oft in seinen Worten mitschwang, war an diesem Abend gedämpft. „Dieses Mädchen, Lucy... sie ist wirklich eine Dickköpfin."

Greta legte das Buch auf ihre Brust und schmunzelte leise, ohne aufzusehen. „Ja, das war sie schon immer," antwortete sie sanft. „Aber das ist nichts Schlechtes. Was hat sie denn diesmal angestellt?"

Herr Nowatzki seufzte, schloss sein eigenes Buch und drehte sich leicht zu ihr. „Sie kam heute zu mir. Wollte was lernen, hat sie gesagt. Von mir! Stell dir das vor. Nachdem sie alles so anders machen will, kommt sie plötzlich zu mir und tut so, als könnte ich ihr noch was beibringen."

Greta lächelte liebevoll und schüttelte leicht den Kopf, ohne den Blick von ihrem Buch zu nehmen. „Vielleicht kann sie ja wirklich noch was von dir lernen," sagte sie ruhig. „Du hast jahrzehntelang Erfahrung gesammelt, Anton. Sie wäre dumm, wenn sie das ignorieren würde."

„Ach, das ist alles nett gesagt," murmelte Herr Nowatzki und verschränkte die Arme vor der Brust, als wollte er sich selbst bestätigen. „Aber sie ist stur. Macht alles auf ihre Weise. Glaubt, sie weiß es besser. Diese neuen Methoden – Social Media und so ein Zeug – das ist nichts für mich."

Greta sah ihn jetzt an, legte das Buch beiseite und setzte sich etwas aufrechter hin. „Vielleicht solltest du ihr einfach vertrauen. Sie hat die Gärtnerei übernommen und führt sie gut. Aber das bedeutet nicht, dass sie nicht auch deinen Rat gebrauchen kann." Ihre Stimme war sanft, aber bestimmt, und in ihren Augen lag ein ruhiges, verständnisvolles Funkeln.

Herr Nowatzki brummte, drehte sich zurück und zog die Decke ein wenig höher. „Hm. Vielleicht hast du recht," gab er schließlich zu, wenn auch widerwillig. „Aber ich werde ihr nicht alles auf dem Silbertablett servieren. Wenn sie was lernen will, muss sie sich anstrengen."

Greta lachte leise und strich ihm liebevoll über den Arm. „Ach, du harter Knochen. Gib ihr eine Chance. Sie ist vielleicht jung, aber sie ist klug und hat das Herz am richtigen Fleck. Das weißt du genauso gut wie ich." Sie beugte sich zu ihm und küsste ihn sanft auf die Stirn. „Und ich wette, sie wird dich noch überraschen."

Herr Nowatzki grinste leicht, drehte sich zu seiner Frau um und sah ihr in die Augen. „Vielleicht. Aber ich werde es nicht zu einfach machen."

„Ich erwarte auch nichts anderes von dir," neckte Greta, bevor sie sich wieder zurücklehnte und ihr Buch aufnahm. Sie war sich sicher, dass hinter Herrn Nowatzkis raubeiniger Fassade eine tiefe Bewunderung für Lucy steckte – auch wenn er es nie offen zugeben würde.

Während Herr Nowatzki ins Nachdenken versank, fühlte er doch, dass Lucys Entschlossenheit ihn beeindruckte. Er erinnerte sich an die Anfänge der Gärtnerei, als er selbst voller Zweifel gewesen war. Vielleicht sah er in Lucy mehr von sich selbst, als er zugeben wollte. Und so schlief er schließlich mit einem Gedanken an den kommenden Tag ein, an dem er Lucy zeigen würde, wie man einige Dinge richtig anpackt – auf seine Weise.

Währenddessen saß Momo mit ihren Freunden in einem kleinen Café, umgeben von sanftem Kerzenlicht und dem Geräusch von leiser Musik. Sie lehnte sich zurück und prahlte, wie sie Simon beigebracht hatte, Instagram zu rocken. „Also wirklich, Leute," sagte sie stolz und lachte. „Ich habe Simon beigebracht, wie man eine richtige Story postet! Jetzt postet er fast täglich über die Gärtnerei, und die Kunden lieben es."

Ihre Freunde lachten und nickten anerkennend. Einer von ihnen, ein junger Mann mit schwarzem Bart und einem schelmischen Grinsen, lehnte sich vor. „Und was hast du von ihm gelernt?"

Momo hielt inne, ihre Finger kreisten leicht über den Rand ihrer Tasse. „Von Simon?" Sie dachte nach, und plötzlich erhellte ein Funke der Erkenntnis ihr Gesicht. „Weißt du... ich habe tatsächlich was gelernt. Er hat mir beigebracht, wie ich meine Arbeit besser plane. Ich schaffe jetzt mehr, ohne völlig gestresst zu sein." Sie lachte leise, ein wenig erstaunt über sich selbst. „Es war hart, aber es funktioniert."

Ihre Freunde nickten, aber Momo blieb einen Moment still. In ihr dämmerte die Erkenntnis, dass diese Zusammenarbeit ihr wirklich geholfen hatte. Sie hatte von jemandem gelernt, den sie für zu starr und streng gehalten hatte. Und nun erkannte sie, dass diese Struktur ihr half, ihre Kreativität besser zu entfalten.

„Vielleicht," sagte sie schließlich, „vielleicht gibt es wirklich Dinge, die wir von den Älteren lernen können."

Lucys Erfolgstagebuch

Datum: 3. Oktober

Worauf ich stolz bin! Wir haben den Spieß mal umgedreht und über unsere Tellerränder geblickt. Es war inspirierend zu sehen, wie das Team sich auf diese neue Art des „umgedrehten Lernens“ eingelassen hat. Besonders erfreulich war zu sehen, wie Simon und Momo sich trotz anfänglicher Schwierigkeiten annäherten und voneinander lernten. Auch Jay und Becky haben durch ihre Zusammenarbeit profitiert. Ich bin stolz darauf, dass ich eine Atmosphäre schaffen konnte, in der wir gemeinsam wachsen können.

Was ich optimieren will: Ich habe gelernt, dass diese Art der Zusammenarbeit anfangs mehr Geduld erfordert. Beim nächsten Mal werde ich mehr Zeit einplanen, um auf die anfänglichen Schwierigkeiten besser eingehen zu können und sicherzustellen, dass das Team genug Raum hat, um die neuen Ansätze zu verinnerlichen. Ich werde außerdem regelmäßige Check-ins einführen, um den Lernfortschritt im Blick zu behalten und offene Gespräche zu fördern.

Lucys Vibes für positives Leadership

Was hat Lucy vollbracht? Lucy hat durch die Einführung des Buddy-Systems und Mentorings die Zusammenarbeit und das Verständnis zwischen den Teammitgliedern gestärkt. Sie hat eine Umgebung geschaffen, in der Wissen geteilt wird und in der die Mitarbeiterinnen und Mitarbeiter die Stärken der anderen erkennen und voneinander lernen können.

Was kannst du tun? Implementiere ein Buddy-System in deinem Team, um das gegenseitige Lernen und die Weiterentwicklung zu fördern. Wähle gezielt Teammitglieder aus, die unterschiedliche Arbeitsweisen haben, und ermutige sie, voneinander zu lernen und ihre Stärken auszutauschen. Schaffe regelmäßige Gelegenheiten für Check-ins, um den Fortschritt zu überwachen und die Entwicklung zu unterstützen.

Was bringt es deinem Team? Ein Buddy-System fördert das Verständnis zwischen den unterschiedlichen Arbeitsstilen, stärkt das Wissen und verbessert die Teamdynamik. Es baut Barrieren ab und schafft eine Umgebung, in der Mitarbeiterinnen und Mitarbeiter voneinander profitieren und ihre Fähigkeiten gemeinsam weiterentwickeln können.

Was hast du als Führungskraft davon? Da der Mangel an Fachkräften zunehmend im Unternehmen mehrere Generationen zusammenbringt, die unterschiedlich arbeiten, wird deine Fähigkeit, diese Unterschiede zu harmonisieren, zu einem entscheidenden Vorteil. Du wirst als Führungskraft wahrgenommen, die in der Lage ist, Teams effizient zu führen und komplexe Dynamiken zu managen. Dies steigert deinen persönlichen Wert im Unternehmen und macht Dich zu einer unverzichtbaren Führungskraft.

Dein Call-to-Action: Starte heute mit einem kleinen Schritt: Identifiziere in deinem Team zwei Personen mit unterschiedlichen Arbeitsweisen und bringe sie in einem Buddy-System zusammen. Setze klare Ziele und ermutige sie, ihre Stärken zu teilen. Überwache den Fortschritt und führe regelmäßige Gespräche, um sicherzustellen, dass das System funktioniert und beide voneinander lernen.

”

Nur wer es wagt, zu scheitern, kann jemals etwas erreichen.

(Robert F. Kennedy)

Vibe 12: Ökosoziale Gerechtigkeit wächst aus unseren Wurzeln

Die Gärtnerei erwachte an einem strahlenden Morgen, das sanfte Zwitschern der Vögel erfüllte die Luft, und die Pflanzen glänzten im frischen Morgentau. Lucy stand an der Schwelle ihres Büros und betrachtete das emsige Treiben ihres Teams. Trotz des Erfolgs, den die Gärtnerei inzwischen genoss, war Lucy nicht ganz zufrieden. Sie spürte, dass sie mehr tun musste, dass ihre Verantwortung über den ökologischen Anbau hinausging. Nachhaltigkeit bedeutete für sie nicht nur, auf chemische Pestizide zu verzichten, sondern auch das Wohl der Menschen – ihrer Mitarbeitenden, Lieferanten und Kunden – zu fördern. Es ging um ökosoziale Gerechtigkeit.

Dieser Gedanke beschäftigte sie seit Tagen, seit ein Kunde sie gefragt hatte: „Woher kommen eigentlich eure Pflanzen? Und wie sind die Arbeitsbedingungen dort?“ Sie hatte zwar geantwortet, dass alle Pflanzen ökologisch angebaut wurden, doch die Frage nach den Arbeitsbedingungen hatte sie nachdenklich gemacht. Die Pflanzen, die sie verkaufte, waren biologisch, aber Lucy hatte keine detaillierte Kenntnis darüber, wie es den Menschen ging, die sie anbauten.

In einer stillen Ecke des Gewächshauses fand sie Herrn Nowatzki, der in seinen gewohnten, leicht missmutigen Ausdruck versunken war. „Diese neumodischen Ideen von dir, Lucy“, begann er sarkastisch, während er ein altes Paar Gartenscheren betrachtete, „das ist doch alles schön und gut, aber wer kümmert sich schon um sowas? Am Ende des Tages zählt nur, ob die Pflanzen wachsen, ob Kunden sie kaufen und, ob die Kunden am Ende damit auch zufrieden sind."

Lucy lächelte. Sie hatte sich an seinen Ton gewöhnt und wusste, dass hinter seiner rauen Schale oft gute Gedanken steckten. „Klar", sagte sie, „aber was, wenn es nicht nur darum geht, dass die Pflanzen wachsen? Was, wenn wir auch dafür sorgen könnten, dass die Menschen, die die Pflanzen anbauen, ein gutes Leben führen? Dass unser Team hier nicht nur gut arbeitet, sondern auch gut lebt?"

„Gut leben, hm?" Nowatzki ließ die Schere fallen und verschränkte die Arme. „Und wie willst du das anstellen, Mädchen?"

Lucy grinste, bereit, ihre neuen Ideen zu teilen. „Ganz einfach. Wir beginnen bei uns. Ich habe bereits lokale Unternehmen kontaktiert, die ähnlich wie wir denken. Ich habe Kooperationen mit dem Bootsverleih, dem Sportverein, dem Hallenbad und dem Bio-Laden im Ort vereinbart.

Das sind alles Gleichgesinnte und unser Team bekommt Gutscheine, die sie dort einlösen können – als Anerkennung, aber vor allem, um sie dabei zu unterstützen und zu ermutigen, auch abseits der Arbeit ökosozial zu handeln. Ein nachhaltiges und ökosoziales Tauschgeschäft sozusagen!"

Nowatzki schnaubte, aber ein Lächeln zuckte an den Ecken seiner Lippen. „Gutscheine, sagst du? Und was soll das bringen? Die Pflanzen wachsen und verkaufen sich deshalb auch nicht schneller."

Lucy ließ sich nicht beirren. „Vielleicht nicht. Aber glückliche Menschen sind produktive Mitarbeitende. Und wenn sie sich nach einem langen Arbeitstag Sport betreiben, sich entspannen oder im Hallenbad neue Energie tanken, dann kommen sie am nächsten Tag motivierter und ausgeglichener zurück. Es ist ein Kreislauf, Herr Nowatzki. Genauso wie wir auf die Pflanzen achten, müssen wir auf unser Team achten. Und dabei denken wir auch noch an die Umwelt, denn wir machen das nur mit Partnerbetrieben, die gleich sozial sind, also denken und handeln wie wir."

Er schwieg einen Moment und beobachtete Lucy, wie sie energisch über das Gelände ging und ihre Ideen mit dem Team teilte. Schließlich schüttelte er den Kopf, aber das Grinsen blieb. „Weißt du was, Lucy? Vielleicht habe ich dich unterschätzt. Die Pflanzen kümmern sich um sich selbst, aber es braucht jemanden wie dich, um die Menschen zusammenzuhalten."

Während der nächsten Wochen setzte Lucy ihre Vision Stück für Stück um. Auch ein Lastenrad, das sie zuvor angeschafft hatte, kam für die Auslieferung der Pflanzen nun zum Einsatz.

Das Fahrrad war nicht nur umweltfreundlich, sondern passte auch zu dem Lebensstil, den Lucy fördern wollte – einfach, nachhaltig, und trotzdem modern und effizient.

Simon hatte zunächst mit den Augen gerollt, als er das Fahrrad gesehen hatte. „Echt jetzt? Ein Lastenrad?“, hatte er gefragt und war skeptisch um das Rad herumgeschlichen. „Wir sind doch keine Fahrradkuriere.“

Lucy hatte darauf bestanden. „Probiere es aus, Simon. Du wirst sehen, dass es uns Arbeit abnimmt und gleichzeitig unseren ökologischen Fußabdruck verringert.“ Und so setzte sich Simon nach einigen anfänglichen Widerständen schließlich widerwillig auf das Rad. Und nach ein paar Tagen – zu Lucys Überraschung – schien er fast Spaß daran zu haben.

„Ich habe mich wohl geirrt“, gestand Simon eines Morgens, als er mit dem Rad ankam. „Es funktioniert wirklich gut. Und die Kunden scheinen es auch zu schätzen. Einer hat mir sogar ein Trinkgeld gegeben, weil er die Idee so gut fand.“

Lucy lachte, froh darüber, dass Simon sich allmählich mit ihren Ideen anfreundete. „Siehst du? Manchmal muss man einfach was Neues ausprobieren.“

Lucys Initiative für ökosoziale Gerechtigkeit hörte aber nicht beim Lastenrad auf. Sie stellte sicher, dass alle Mitarbeitenden die Möglichkeit hatten, von den Kooperationen mit lokalen Unternehmen zu profitieren. Becky, die am Wochenende gerne Zeit mit ihrer Familie beim Sport und in der Natur verbrachte, war begeistert von den Gutscheinen, die Lucy ihr angeboten hatte. Momo, die nach der Arbeit oft im Hallenbad entspannte, fand, dass diese zusätzlichen Angebote ihr halfen, den Kopf freizubekommen.

„Ich hätte nie gedacht, dass ich mal ins Hallenbad gehe, um zu entspannen“, lachte Momo eines Abends beim Teamtreffen. „Aber es hat echt geholfen. Ich fühle mich so viel frischer und kreativer.“

Währenddessen sprach sich Lucys Engagement in der gesamten Region herum. Immer mehr junge Menschen zeigten Interesse an einer Ausbildung in ihrer Gärtnerei, darunter auch Lucca, ein talentierter 16-Jähriger, der gerade seine Lehrstelle in einer großen, eher unpersönlichen Gärtnerei in der Nachbarstadt absolviert hatte. Lucca hatte die Berichte über Lucy und ihre Gärtnerei in den sozialen Medien verfolgt und war fasziniert von dem, was er sah. Er war es leid, nur als eine Nummer in einem großen Betrieb behandelt zu werden.

Eines Abends, nachdem er wieder einen frustrierenden Tag in seiner Lehrstelle hinter sich hatte, setzte er sich auf die Couch und schrieb Lucy eine WhatsApp: „Hallo Lucy, ich bin Lucca und mache meine Ausbildung in einer Großgärtnerei, aber ich bin unglücklich. Ich sehe, was du in deiner Gärtnerei auf die Beine stellst, und das finde ich echt cool. Du scheinst nicht nur Pflanzen, sondern auch Menschen zu mögen. Gibt es bei dir Platz für jemanden wie mich?“

Lucy lächelte, als sie die Nachricht las. Sie wusste, dass sie auf dem richtigen Weg war – nicht nur für ihre Gärtnerei, sondern für eine ganze Generation junger Menschen, die nach einer anderen Art des Arbeitens suchten. Eine Arbeit, die nicht nur den Lebensunterhalt sicherte, sondern vielmehr auch Sinn und Wertschätzung vermittelte.

Sie schrieb zurück: „Komm vorbei, Lucca. Lass uns quatschen. Freue mich auf Dich."

Lucca fühlte, wie eine Welle der Hoffnung ihn durchflutete. Er hatte das Gefühl, endlich den Ort gefunden zu haben, an dem er seine Fähigkeiten entfalten und wirklich einen Unterschied machen konnte.

Die Gärtnerei hatte sich verändert. Es war nicht nur das neue Bewusstsein für ökologische und soziale Verantwortung, das Lucy aktiviert hatte, sondern auch eine neue Energie, die in der Luft lag. Das Team wirkte gelöster, entspannter und gleichzeitig motivierter. Die kleinen Veränderungen, die Lucy eingeführt hatte – die Kooperationen mit lokalen Läden, Kino- und Hallenbadgutscheine, das Yoga und das Lastenrad – hatten eine Welle der Euphorie ausgelöst. Diese kleine Gärtnerei war mehr geworden als nur ein Arbeitsplatz; sie war ein Ort der Gemeinschaft, der Erholung und der gemeinsamen Werte.

Momo war die Erste, die bemerkte, wie sich die Stimmung veränderte. „Es ist, als ob alles hier jetzt ein bisschen leichter wäre," sagte sie eines Morgens, als sie neben Lucy die Pflanzen sortierte. „Ich meine, die Arbeit ist dieselbe, aber ich fühle mich einfach... glücklicher."

Lucy lächelte. „Genau das wollte ich erreichen. Es geht nicht nur darum, was wir tun, sondern wie wir uns dabei fühlen."

Die Kunden bemerkten es ebenfalls. Immer häufiger hörte Lucy lobende Worte von Stammkunden, die spürten, dass etwas Besonderes in ihrer Gärtnerei passierte. In den sozialen Medien häuften sich Kommentare wie: „Eine Gärtnerei mit Herz und Verstand

– hier kaufe ich meine Pflanzen gerne." Oder: „Lucys Gärtnerei ist mehr als nur ein Laden. Man spürt, dass hier Menschen arbeiten, denen ihre Umwelt und ihr Mitmenschen wichtig sind."

Der Erfolg war greifbar, und doch war es nicht der finanzielle Gewinn, der Lucy so stolz machte. Es war das Wissen, dass sie eine echte Veränderung bewirkte – für ihr Team, ihre Kunden und die Gemeinschaft. Die Menschen kamen nicht mehr nur, um Pflanzen zu kaufen, sondern um ein Stück des Wohlgefühls mitzunehmen, das Lucys Gärtnerei ausstrahlte.

Unterdessen bereitete sich Lucca, der 16-jährige Azubi aus der Großgärtnerei im Nachbarort, auf etwas vor, das er seit Wochen ersehnte: das Treffen mit Lucy. Nachdem er ihre Nachricht gelesen hatte, dass er vorbeikommen solle, um über eine mögliche Stelle bei ihr zu sprechen, war seine Aufregung kaum zu bremsen. In seiner aktuellen Lehrstelle war er absolut unglücklich.

An diesem Abend, als er nach Hause kam, konnte er nicht anders, als seiner Mutter von der bevorstehenden Begegnung zu erzählen. Sie saß in der Küche und bereitete das Abendessen vor, als er strahlend die Tür hereinplatzte.

„Mama, stell dir vor!" begann Lucca, seine Augen leuchteten vor Vorfreude. „Ich habe eine Nachricht von Lucy bekommen – du weißt schon, die mit der Gärtnerei, über die ich dir erzählt habe. Sie hat mir geschrieben, dass ich vorbeikommen soll. Sie will mich kennenlernen!"

Seine Mutter drehte sich überrascht um und lächelte, als sie das Glitzern in den Augen ihres Sohnes sah. Und sie weinte vor Glück, denn sie hatte ihn lange nicht mehr so glücklich gesehen. „Das ist ja wunderbar, mein Schatz," sagte sie sanft und umarmte ihn. „Ich habe schon gemerkt, dass du dort unbedingt arbeiten möchtest. Es ist so schön, dich wieder so begeistert zu sehen."

Lucca nickte eifrig. „Ja, ich fühle mich einfach, als wäre das der richtige Ort für mich. Von so jemanden möchte ich lernen."

Seine Mutter strahlte vor Stolz und beobachtete ihn liebevoll, während er von seiner Zukunft in Lucys Gärtnerei sprach. Es war lange her, dass sie ihn so voller Hoffnung und Tatendrang gesehen hatte. „Du wirst das großartig machen, Lucca", sagte sie ermutigend.

Lucys Erfolgstagebuch

Datum: 18. Februar

Worauf ich stolz bin! Ich habe einen bedeutenden Schritt für die Gärtnerei und unser Team getan. Wir haben es geschafft, nicht nur ökologisch nachhaltig zu arbeiten, sondern auch soziale Gerechtigkeit im Alltag unserer Gärtnerei zu verankern. Ich bin stolz darauf, dass ich die Ideen des Teams aufgreifen und fördern konnte, indem wir die Arbeitsbedingungen verbessert haben – durch Erholungszeiten, lokale Kooperationen und besondere Vergünstigungen wie die Gutscheine für das Kino und das Hallenbad. Diese kleinen Schritte haben das Arbeitsklima verbessert und das Wohlbefinden meiner Mitarbeitenden sichtbar gestärkt. Es herrscht eine neue Energie in der Gärtnerei, und ich spüre, dass wir zu einer Gemeinschaft gewachsen sind, in der sich jeder wertgeschätzt und unterstützt fühlt.

Besonders gefreut habe ich mich heute über die Bewerbung von Lucca, einem hoch talentierten jungen Menschen aus dem Nachbarort. Als er sich für einen Platz in unserem Team beworben hat, wurde mir klar, welche Strahlkraft unsere Arbeit mittlerweile hat. Es ist unglaublich zu sehen, wie sehr unser Engagement für ökologische und soziale Verantwortung neue Talente anzieht. Lucca ist begeistert von der Art und Weise, wie wir hier arbeiten, und ich kann es kaum erwarten, ihn im Team willkommen zu heißen. Das zeigt mir, dass wir auf dem richtigen Weg sind.

Was ich optimieren will: Obwohl ich heute viel erreicht habe, ist mir klar geworden, dass ich noch mehr Zeit für das individuelle Feedback meiner Mitarbeitenden einplanen muss. Gerade im Gespräch mit Simon habe ich gemerkt, dass er oft unsicher ist, wenn es um neue Ideen geht. Vielleicht hätte ich ihn früher in den Prozess einbinden sollen, damit er sich nicht übergangen fühlt. Beim nächsten Mal werde ich mehr Raum für seine Bedenken schaffen, damit er sich von Anfang an eingebunden fühlt.

Außerdem möchte ich in Zukunft noch mehr auf das Gleichgewicht zwischen den verschiedenen Ideen und Ansätzen im Team achten. Es ist wichtig, dass jeder seine Meinung äußern kann und wir zusammen an Lösungen arbeiten, die allen gerecht werden.

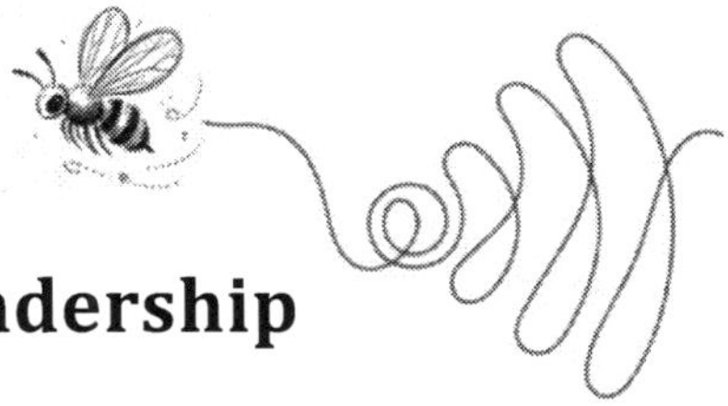

Lucys Vibes für positives Leadership

Was hat Lucy vollbracht? Lucy hat es geschafft, in ihrer Gärtnerei nicht nur ökologisches Handeln zu verankern, sondern auch soziale Gerechtigkeit ins Zentrum ihrer Führungsphilosophie zu stellen. Sie hat das Wohlbefinden ihrer Mitarbeiterinnen und Mitarbeiter durch kreative und realistische Maßnahmen gestärkt – durch Kooperationen mit lokalen Unternehmen und die Förderung von Erholung im Arbeitsalltag. Ihre Beharrlichkeit und ihr Gespür für zwischenmenschliche Bedürfnisse haben dazu geführt, dass sie ein harmonisches und hochmotiviertes Team um sich versammelt hat.

Was kannst du tun? Integriere Nachhaltigkeit und ökosoziale Gerechtigkeit in deinen Betrieb, indem du umweltfreundliche Praktiken einführst und dein Team dazu motivierst, Verantwortung für die Umwelt zu übernehmen. Überlege, wie du als Führungskraft nicht nur die Arbeitseffizienz, sondern auch das Wohlbefinden deines Teams verbessern kannst. Kleine Maßnahmen wie Kooperationen mit lokalen Anbietern, Gutscheine oder flexible Arbeitszeiten können einen großen Unterschied machen. Achte darauf, deine Mitarbeiterinnen und Mitarbeiter regelmäßig einzubeziehen und ihre Ideen ernst zu nehmen. Dein Team wird stärker und produktiver sein, wenn es sich respektiert und wertgeschätzt fühlt.

Was bringt es deinem Team? Fördert das Bewusstsein für nachhaltiges Handeln, stärkt das Team durch gemeinsame Werte und Ziele und schafft eine positive Arbeitsumgebung. Wenn sich Mitarbeitende in ihrem Arbeitsumfeld wohlfühlen, steigert das ihre Motivation, ihr Engagement und ihre Zufriedenheit. Es führt zu einer geringeren Fluktuation, weniger Krankenständen und einem tieferen Gemeinschaftsgefühl. Die Atmosphäre in der Gärtnerei hat sich dank Lucys Einsatz merklich verbessert. Die Menschen kommen gerne zur Arbeit, weil sie wissen, dass ihre Bedürfnisse berücksichtigt werden und sie in einem Unternehmen arbeiten, das sowohl ökologisch als auch sozial verantwortungsvoll handelt

Was hast du als Führungskraft davon? Du positionierst dich als verantwortungsbewusste und visionäre Führungskraft, was deinem Unternehmen hilft, einen positiven Ruf aufzubauen und dich als Vordenker in Sachen Nachhaltigkeit zu etablieren. Durch ökosoziale Verantwortung strahlt dein Unternehmen weit über die Grenzen hinaus. Nicht nur Kunden fühlen sich von der nachhaltigen und gerechten Arbeitsweise angezogen, sondern auch talentierte Fachkräfte, die in einem solchen Umfeld arbeiten möchten. Du wirst als Führungskraft nicht nur für deine fachliche Kompetenz geschätzt, sondern auch für deine Fähigkeit, ein Umfeld zu schaffen, das Vorbildcharakter hat. Langfristig wird dein Team durch höhere Loyalität und Engagement wachsen, und du wirst es schaffen, ein Magnet für talentierte Menschen zu sein, die deine Vision teilen und an deinem Erfolg mitarbeiten wollen.

Dein Call-to-Action: Heute ist der perfekte Zeitpunkt, um kleine, aber wirkungsvolle Schritte zu unternehmen. Plane eine Teamversammlung und überlege gemeinsam, welche Maßnahmen für mehr Wohlbefinden und soziale Gerechtigkeit umgesetzt werden können. Finde lokale Partner, mit denen du zusammenarbeiten kannst, um deinen Mitarbeiterinnen und Mitarbeitern Vorteile zu bieten. Achte dabei auf Kreativität und Nachhaltigkeit. Nutze die Gelegenheit, um deinem Team zu zeigen, dass du nicht nur an die Arbeit, sondern auch an die Menschen dahinter denkst – und dass dies eine Investition in die Zukunft deines Unternehmens ist.

”

Soziale Gerechtigkeit ist der sicherste Garant des Friedens in der Welt.

(Guy Ryder)

Vibe 13: Fruchtbare Ziele & Gemeinsame Entscheidungen

Sanft schwebte der Morgennebel noch über der Gärtnerei und Simon spürte eine Unruhe in sich, die ihn schon seit Tagen beschäftigte. Er stand neben dem großen prächtigen Apfelbaum, der links hinten am Gelände wuchs, und schaute auf die frischen Pflanzenlieferungen, die in Kisten bereitstanden.

Der Duft der feuchten Erde mischte sich mit dem zarten Geruch von Kräutern, während die Sonne langsam über den Horizont kletterte. Die Gärtnerei wirkte so friedlich, doch Simons Gedanken waren es nicht. In den letzten Monaten hatte sich vieles verändert. Lucy, seine engagierte Chefin, hatte ehrgeizige Pläne umgesetzt und neue Energie in den Betrieb gebracht. Doch Simon hatte immer mehr das Gefühl, dass er und der Rest des Teams in den Hintergrund rückten, wenn es darum ging, Entscheidungen zu treffen.

Er beobachtete Lucy, wie sie auf dem Weg zu ihrem Büro war, und beschloss, dass es an der Zeit war, mit ihr zu sprechen. Er konnte nicht länger schweigen. Er seufzte tief, straffte die Schultern und ging entschlossen auf sie zu. „Lucy, hast du einen Moment? Wir müssen reden."

Lucy blieb stehen und drehte sich zu ihm um, überrascht von der Ernsthaftigkeit in seiner Stimme. „Klar, Simon. Was ist los?" Ihre Augen suchten nach einem Hinweis, doch Simons verschlossene Miene verriet ihr nichts.

Er atmete tief durch, als er nähertrat, und senkte die Stimme leicht, als wollte er nicht, dass die anderen Kollegen zuhören konnten. „Es geht darum, wie die Dinge hier laufen, Lucy. Ich muss ehrlich sein – ich fühle mich in letzter Zeit... ausgeschlossen."

Lucy runzelte die Stirn. „Ausgeschlossen? Wie meinst du das?"

Simon zögerte kurz, wählte seine Worte mit Bedacht. „Schau, ich weiß, dass du hier die Chefin bist, und das respektiere ich. Aber... in den letzten Monaten hast du viele wichtige Entscheidungen allein getroffen. Die Hochbeete zum Beispiel – du hast sie bestellt, ohne uns auch nur zu fragen. Du dachtest vielleicht, es sei eine Kleinigkeit, aber das hat uns alle vor den Kopf gestoßen."

Lucy blinzelte verstört, die Erwähnung der Hochbeete überraschte sie doch sehr. „Die Hochbeete? Ich dachte, das wäre eine Entscheidung, die uns hilft, effizienter zu arbeiten. Warum sollte das ein Problem sein?"

Simon schüttelte den Kopf, sein Blick war ernst. „Es geht nicht nur um die Hochbeete, Lucy. Es geht darum, dass wir das Gefühl haben, nicht mehr wirklich Teil des Prozesses zu sein. Wir haben hier alle unsere Arbeit, und ja, du bist diejenige, die das Sagen hat – aber wir sind auch diejenigen, die jeden Tag mit den Pflanzen arbeiten, die den Laden am Laufen halten. Wenn wir nicht einbezogen werden, verlieren wir das Gefühl, dass das hier unser gemeinsames Projekt ist."

Lucy fühlte sich ertappt. Es war nie ihre Absicht gewesen, das Team auszuschließen. Sie wollte nur schnell handeln und die Gärtnerei nach vorne bringen. Doch jetzt, wo Simon es so offen aussprach, wurde ihr klar, dass sie einen wichtigen Punkt übersehen hatte. „Ich... das tut mir leid, Simon", sagte sie leise und spürte eine Mischung aus Schuld und Erleichterung. „Ich hatte das Gefühl, ich müsste schnell handeln, um die Gärtnerei voranzubringen. Aber ich sehe jetzt, dass ich euch dabei mehr einbeziehen muss. Das war nicht richtig."

Simon nickte, die Anspannung in seinen Schultern löste sich etwas. „Ich verstehe, dass du viel Druck hast. Aber wir sind hier, um dir zu helfen. Wir alle wollen, dass die Gärtnerei wächst. Aber wir müssen das gemeinsam tun. Es gibt so viele Entscheidungen, die uns alle betreffen, und wenn wir nicht das Gefühl haben, dass unsere Meinung zählt, verlieren wir die Motivation."

Lucy spürte die Ehrlichkeit in seinen Worten und nahm sie sich zu Herzen. „Ich habe wirklich versucht, das Beste für die Gärtnerei zu tun", sagte sie, ihre Stimme war sanfter geworden. „Aber ich sehe jetzt, dass ich zu viel alleine entschieden habe. Das ist nicht das, was ich will. Wir sind ein Team, und ich möchte, dass wir alle an einem Strang ziehen."

Simon sah sie nachdenklich an. „Was schlägst du vor?"

Lucy dachte einen Moment nach und hob dann den Kopf. „Ich denke, ich werde euch in meine Entscheidungsfindung mehr einbeziehen. Regelmäßige Teammeetings, bei denen wir über die wichtigen Dinge sprechen – sei es über neue Projekte, Bestellungen oder

Veränderungen. Jeder kann seine Ideen einbringen, und wir fällen die Entscheidungen gemeinsam. Das bedeutet nicht, dass alles basisdemokratisch läuft, aber eure Stimmen sollen gehört werden, bevor ich eine endgültige Entscheidung treffe."

Simon lächelte leicht, ein Zeichen der Erleichterung. „Das klingt vernünftig. Ich denke, das wird uns allen helfen, uns mehr mit der Gärtnerei verbunden zu fühlen."

Doch bevor Lucy weitersprechen konnte, trat Herr Nowatzki auf sie zu, die Arme vor der Brust verschränkt. „Teammeetings? Entscheidungen gemeinsam treffen?" fragte er mit einem sarkastischen Unterton. „Lucy, das ist nicht der Weg, wie man ein Geschäft führt. Entscheidungen müssen schnell und effektiv getroffen werden – nicht durch ständiges Herumgerede."

Lucy sah ihm ruhig in die Augen. „Ich verstehe, dass Entscheidungen schnell getroffen werden müssen, Herr Nowatzki. Aber ein gutes Geschäft basiert nicht nur auf schnellen Beschlüssen, sondern auch auf einem starken Team, das hinter diesen Entscheidungen steht."

Nowatzki schnaubte verächtlich. „Das ist Schwäche, Lucy. Du bist die Chefin. Wenn du zu viel Raum für Diskussionen lässt, verlierst du an Autorität. Glaub mir, ich habe das schon oft genug gesehen."

Lucy atmete tief durch und antwortete mit festem Ton: „Es geht nicht darum, Autorität zu verlieren. Es geht darum, das Team stärker zu machen. Ein Team, das in Entscheidungen einbezogen wird, steht auch hinter ihnen – und das sorgt für nachhaltigen Erfolg. Ich will, dass jeder hier das Gefühl hat, Teil des Ganzen zu sein. Denn nur dann sind sie auch wirklich motiviert."

Nowatzki schüttelte den Kopf. „Du machst einen Fehler, Lucy. Wenn du zu viel Mitbestimmung zulässt, wirst du irgendwann feststellen, dass keiner mehr auf dich hört."

Lucy blieb ruhig, doch ihre Stimme war entschlossen. „Ich höre auf mein Team, weil ich weiß, dass wir nur zusammen erfolgreich sein können. Ich werde immer die letzte Entscheidung treffen, aber ich möchte, dass sie die Grundlage dafür sind."

Mit einem missbilligenden Blick wandte sich Nowatzki ab. „Wir werden sehen, wie lange du das durchhältst."

Noch am selben Nachmittag rief Lucy das Team zu einem Meeting zusammen. Die Atmosphäre war locker, aber auch gespannt – jeder wusste, dass es um mehr ging als nur um die nächsten Aufgaben. Als alle sich auf den Holzbänken im Schatten der alten Eichen niedergelassen hatten, trat Lucy vor die Gruppe.

„Ich habe mit Simon gesprochen", begann sie und warf ihm einen dankbaren Blick zu. „Er hat mich darauf aufmerksam gemacht, dass ich in letzter Zeit viele Entscheidungen allein getroffen habe. Und das stimmt. Ich habe versucht, alles schnell voranzutreiben, aber dabei habe ich euch nicht genug einbezogen. Das möchte ich ändern."

Becky, die mit verschränkten Armen auf ihrer Bank saß, nickte langsam. „Es hat sich manchmal so angefühlt, als ob wir nur Zuschauer wären. Aber wir sind doch alle Teil der Gärtnerei."

Jay, der bis jetzt ruhig zugehört hatte, räusperte sich und sprach in seiner tiefen, ruhigen Stimme. „Lucy, du machst einen großartigen Job. Aber wenn wir als Team funktionieren sollen, müssen wir auch als Team entscheiden. Du hast unsere volle Unterstützung, aber wir wollen auch unsere Ideen einbringen."

Momo, die am Rand saß und auf ihrem Handy herumgetippt hatte, sah auf. „Ich habe oft Ideen für das Marketing, aber ich wusste nie, wann und wie ich sie einbringen soll. Es wäre cool, wenn wir das mehr gemeinsam machen könnten."

Lucy nickte und sah in die Runde. „Genau deshalb möchte ich, dass wir ab jetzt regelmäßige Teammeetings abhalten, bei denen wir die wichtigen Entscheidungen gemeinsam besprechen. Jeder bringt seine Ideen ein, wir wägen ab und entscheiden dann zusammen. Natürlich werde ich weiterhin die Verantwortung tragen, aber eure Meinungen sollen Teil des Prozesses sein."

Es herrschte kurz Stille, doch dann nickte Jay zustimmend. „Das klingt nach einem Plan, Lucy. Lass es uns versuchen."

Die nächste große Entscheidung, die gemeinsam getroffen wurde, betraf ein geplantes Herbstfest. Lucy hatte die Idee eingebracht, das Fest über ein ganzes Wochenende auszudehnen, um die Einnahmen zu maximieren und neue Kunden anzulocken. Doch das Team hatte Bedenken.

„Ich finde die Idee toll", begann Momo begeistert. „Wir könnten ja die ganze Gärtnerei in erdigen herbstlichen Farben dekorieren, vielleicht sogar eine Fotowand aufstellen! Aber..." Sie hielt inne und sah nachdenklich aus.

„Ein ganzes Wochenende? Das könnte zu viel für uns werden. Die Herbstsaison ist sowieso schon stressig."

Simon nickte zustimmend. „Ich bin dafür, das Herbstfest zu machen, aber vielleicht sollten wir es auf einen Tag beschränken. Wir müssen realistisch bleiben, was unsere Kapazitäten angeht."

Becky fügte hinzu: „Ich denke, wenn wir es auf einen Tag beschränken, können wir uns besser vorbereiten und es richtig machen. Lieber kleiner, aber dafür perfekt."

Lucy hörte aufmerksam zu, und nach kurzer Diskussion einigte sich das Team darauf, das Fest auf einen Tag zu konzentrieren. Lucy war zufrieden. Es fühlte sich richtig an, die Entscheidung gemeinsam getroffen zu haben, und das Team war motiviert, das Beste aus dem Tag herauszuholen.

In den nächsten Wochen wuchs die Euphorie in der Gärtnerei. Momo begann, die Herbstdekoration zu planen, Simon kümmerte sich um die Logistik, Becky stellte sicher, dass genügend Pflanzen für den großen Tag bereitstanden, und Jay bereitete besondere Angebote für Stammkunden vor. Es war, als hätte sich ein neuer Geist in der Gärtnerei ausgebreitet – das Team war motiviert und zog an einem Strang.

Lucca, der junge Azubi, der erst vor kurzem zur Gärtnerei gestoßen war, strahlte vor Freude, als er in die Vorbereitung des Festes eingebunden wurde. Er lief von einem Ende der Gärtnerei zum anderen, half Momo mit der Dekoration, Simon mit den Hochbeeten und Jay mit den Kunden. Es war das erste Mal seit langem, dass Lucca sich so glücklich und anerkannt fühlte. Eines Abends, als er nach Hause kam, fand seine Mutter ihn strahlend vor.

„Und, wie war dein Tag?", fragte sie neugierig, während sie ihm das Abendessen servierte.

Lucca setzte sich, seine Augen leuchteten. „Es war einfach großartig, Mama. Ich liebe es, dort zu arbeiten. Lucy und das Team... sie nehmen mich wirklich ernst. Ich habe das Gefühl, dass ich etwas beitrage."

Seine Mutter sah ihn liebevoll an und konnte ihr eigenes Lächeln nicht zurückhalten. „Ich habe dich lange nicht so glücklich gesehen. Es scheint, als ob du wirklich deinen Platz gefunden hast."

Lucca nickte eifrig. „Ja, und ich kann es kaum erwarten, morgen wieder hinzugehen. Das Herbstfest wird fantastisch. Ich bin so froh, dass ich dabei bin."

Am Ende des Tages, als die Sonne langsam unterging und die Gärtnerei in ein warmes goldenes Licht tauchte, lehnte sich Jay nach der Arbeit zurück und spürte eine tiefe Zufriedenheit. Die letzten Wochen waren intensiv gewesen, aber heute fühlte er, dass sie als Team einen entscheidenden Schritt gemacht hatten. Die gemeinsame Entscheidungsfindung hatte etwas in ihnen allen verändert – sie arbeiteten nicht nur zusammen, sondern entschieden auch gemeinsam über die Richtung der Gärtnerei.

Jay lächelte leise vor sich hin, als er an die kommenden Wochen dachte. Er fühlte sich sicher und zufrieden. Ja, sie würden Herausforderungen begegnen, aber jetzt, wo sie als Team stärker waren, wusste er, dass sie alles bewältigen konnten.

Lucys Erfolgstagebuch

Datum: 25. Februar

Worauf ich stolz bin! Heute war ein Tag voller Herausforderungen und auch ein entscheidender Wendepunkt in meiner Rolle als Führungskraft. Es begann mit Simons ehrlichem Feedback, das mich wirklich zum Nachdenken brachte. Dass er sich und das Team in den letzten Monaten von wichtigen Entscheidungen ausgeschlossen fühlte, hat mir gezeigt, dass ich zu oft in meinem eigenen Tempo vorgeprescht bin, ohne das Team ausreichend einzubeziehen. Es war nicht leicht, das zu hören, aber ich bin stolz darauf, dass Simon den Mut hatte, offen mit mir darüber zu sprechen – und noch stolzer bin ich darauf, dass ich seine Worte ernst genommen habe.

Doch dann kam Herr Nowatzki mit seiner typischen, harten Art auf mich zu und stellte meinen ganzen Führungsstil infrage. In seinem Kopf ist es ganz einfach: Entscheidungen müssen schnell und autoritär getroffen werden – das Team sollte dabei keine Rolle spielen. Seine Worte waren wie ein Schlag ins Gesicht, und es wäre so leicht gewesen, in dem Moment zu zweifeln oder mich zu rechtfertigen. Aber ich blieb standhaft. Ich habe klar gemacht, dass mein Führungsstil auf Teamarbeit, Vertrauen und Mitbestimmung beruht – und ich bin stolz, dass ich diese Überzeugung nicht aufgegeben habe, auch wenn es leichter gewesen wäre, mich Herrn Nowatzkis Kritik zu beugen.

Als Simon mir seine Bedenken mitteilte und Herr Nowatzki seine Zweifel an meiner Strategie äußerte, spürte ich einen Moment der Unsicherheit. Doch in diesem Moment wurde mir auch klar, dass es nicht nur um die kurzfristige Effizienz geht, sondern darum, etwas Nachhaltiges aufzubauen. Ich möchte, dass mein Team hinter den Entscheidungen steht, die wir treffen. Denn nur so können wir gemeinsam langfristigen Erfolg sichern.

Besonders stolz bin ich darauf, dass ich es geschafft habe, das Team in den Entscheidungsprozess für das Herbstfest einzubinden. Es fühlte sich an, als ob wir gemeinsam eine neue Dynamik gefunden haben. Die Energie, die dadurch entstanden ist, war sofort spürbar – plötzlich arbeiteten wir nicht nur zusammen, wir entschieden auch gemeinsam. Jeder brachte Ideen ein, und es wurde klar, dass diese Form der Zusammenarbeit das Team stärkt und motiviert. Auch Lucca, unser jüngster Azubi, hat sich in die Planungen eingebracht und einen großen Schritt in seiner Entwicklung gemacht. Ihn strahlend und engagiert zu sehen, hat mich besonders stolz gemacht.

Was ich optimieren will: Ich habe gelernt, dass ich mich nicht nur auf meine eigenen Ideen und Entscheidungen verlassen kann – das Team muss von Anfang an eingebunden werden. Ich darf nicht warten, bis jemand wie Simon mir sagt, dass er sich ausgeschlossen fühlt. Es ist meine Aufgabe, proaktiv den Raum für Gespräche und den Austausch zu schaffen, bevor Unzufriedenheit entsteht. Das bedeutet, regelmäßige und strukturierte Teammeetings fest in unseren Ablauf zu integrieren und sicherzustellen, dass jede Stimme gehört wird.

Was ich in Zukunft besser machen möchte, ist der Umgang mit kritischen Stimmen wie der von Herrn Nowatzki. Es ist mir klar geworden, dass es in meiner Rolle immer Menschen geben wird, die meinen Führungsstil infrage stellen. In solchen Momenten muss ich noch souveräner und gelassener bleiben. Ich werde daran arbeiten, meine Überzeugung für den partizipativen Führungsstil noch klarer und selbstbewusster zu vertreten – nicht nur vor meinem Team, sondern auch gegenüber denen, die meinen Ansatz kritisch sehen.

Lucys Vibes für positives Leadership

Was hat Lucy vollbracht? Lucy hat bewiesen, dass eine starke Führungskraft den Mut hat, auf die Bedürfnisse ihres Teams einzugehen und Verantwortung zu teilen. Sie hat erkannt, dass die besten Entscheidungen dann getroffen werden, wenn das Team einbezogen wird und jeder seine Ideen einbringen kann. Ihr Erfolg lag darin, einen partizipativen Entscheidungsprozess zu schaffen, der nicht nur das Engagement der Mitarbeitenden stärkt, sondern auch die Gärtnerei als Ganzes voranbringt. Dadurch hat sie eine Atmosphäre der Zusammenarbeit und des Vertrauens geschaffen, die das Team enger zusammengeschweißt hat.

Was kannst du tun? Binde dein Team in wichtige Entscheidungen ein. Schaffe regelmäßige Gelegenheiten für den Austausch und das Einbringen von Ideen. Du musst nicht alles alleine entscheiden. Wenn dein Team sich gehört und eingebunden fühlt, wird es engagierter und motivierter arbeiten. Denke daran: Führung heißt nicht, alle Entscheidungen allein zu treffen, sondern die richtigen Rahmenbedingungen zu schaffen, damit das Team gemeinsam das Beste erreicht.

Was bringt es deinem Team? Partizipative Entscheidungsprozesse stärken das Gemeinschaftsgefühl und das Vertrauen im Team. Jeder fühlt sich verantwortlich und engagiert, weil er weiß, dass seine Meinung zählt. Diese Form der Zusammenarbeit führt zu besseren Entscheidungen, da unterschiedliche Perspektiven berücksichtigt werden. Außerdem steigert es die Motivation und schafft eine positive Arbeitsatmosphäre, in der sich jeder wertgeschätzt fühlt.

Was hast du als Führungskraft davon? Wenn du dein Team in den Entscheidungsprozess einbindest, baust du nicht nur Vertrauen auf, sondern auch eine Kultur der Verantwortung und Eigeninitiative. Dein Team wird sich stärker mit den Zielen des Unternehmens identifizieren, was zu mehr Engagement und besseren Ergebnissen führt. Gleichzeitig entlastest du Dich selbst, weil du nicht mehr alle Entscheidungen alleine treffen musst. Du stärkst deine Position als weitsichtige und empathische Führungskraft, die versteht, dass Erfolg auf gemeinsamer Anstrengung beruht.

Dein Call-to-Action: Plane noch heute ein kurzes Teammeeting für morgen. Wähle ein konkretes Thema oder eine bevorstehende Entscheidung (z.B. ein neues Projekt, eine Veränderung im Ablauf oder eine wichtige Bestellung) und bereite eine Liste von Fragen vor, um das Team aktiv in die Entscheidungsfindung einzubeziehen. Lade alle Teammitglieder zu dem Meeting ein und achte darauf, dass jeder die Möglichkeit hat, seine Meinung einzubringen. Notiere dir die Ideen und bespreche gemeinsam mit dem Team die Vor- und Nachteile der verschiedenen Ansätze. Am Ende des Meetings triffst du die Entscheidung basierend auf den gesammelten Meinungen. So stärkst du direkt morgen das Gefühl der Zusammengehörigkeit und förderst eine gemeinsame Verantwortung im Team.

”

Ein Ziel ist nicht immer dazu bestimmt, erreicht zu werden. Es dient oft einfach nur als etwas, das man anstrebt.

(Bruce Lee)

Vibe 14: Neue Triebe & Lösungsorientierung wachsen lassen

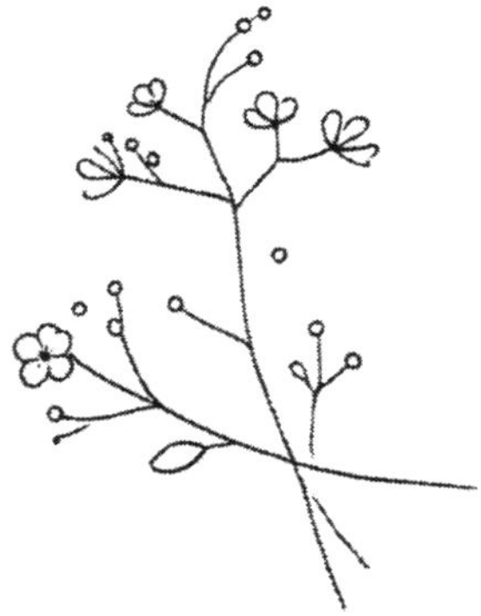

Es war ein milder Morgen in der Gärtnerei, die Luft kühl und frisch, mit einem Hauch von Erde und feuchtem Laub. Lucy stand am Rand eines der großen Beete und beobachtete ihr Team bei der Arbeit. Die letzten Wochen hatten ihre Spuren hinterlassen. Die Energie im Team war gedämpft, und Lucy bemerkte, dass die Gespräche oft in die falsche Richtung gingen. Mehrmals hörte sie Sätze wie „Das geht doch sowieso nicht“ oder „Wir haben das Problem schon öfter gehabt, aber es gibt keine Lösung.“ Es fiel ihr auf, dass sich die Teammitglieder immer wieder in die gleiche gedankliche Sackgasse manövrierten. Statt sich darauf zu konzentrieren, wie man Dinge verbessern konnte, waren sie oft mit dem „warum etwas nicht funktionierte“ beschäftigt.

Lucy seufzte leise, als sie sich langsam zum neuen Energieraum „The Green Vibe“ – der ehemaligen Gartenlaube – begab. Ihre Gedanken kreisten um das Team. Sie wusste, dass sie etwas ändern musste. Dieses ständige Kreisen um Probleme brachte niemanden weiter, und sie konnte sehen, dass es das Team entmutigte. Aber wie konnte sie es schaffen, ihre Kollegen aus dieser gedanklichen Falle zu befreien?

Sie fasste einen Entschluss. Lucy beschloss, einen kleinen Test zu machen. An diesem Morgen würde sie eine Strichliste führen, um herauszufinden, wie oft sie problemorientierte Aussagen hörte. Vielleicht könnte sie so das Bewusstsein dafür schärfen, wie sehr das Team sich auf Probleme fokussierte, anstatt Lösungen zu finden.

Lucy setzte sich auf eine der Bänke in der Laube, während das Team hereinkam, um sich nach der ersten Arbeitsphase zu sammeln. Simon, Momo, Jay, Becky und der junge Lucca, der gerade erst in der Gärtnerei angefangen hatte, setzten sich zu ihr. Während die Gespräche über die Aufgaben des Tages begannen, holte Lucy unauffällig einen kleinen Notizblock hervor und begann, jedes Mal, wenn sie eine problemorientierte Aussage hörte, einen Strich zu machen.

„Die neuen Setzlinge sehen nicht gut aus", sagte Simon, während er sich seufzend zurücklehnte. „Ich wette, die Hälfte von ihnen wird es nicht schaffen."

Lucy machte einen Strich.

„Der Boden ist einfach zu schwer dieses Jahr", fügte Becky hinzu, während sie nachdenklich ihre Stirn rieb. „Das Wasser läuft nicht richtig ab, und das macht es schwierig, irgendetwas hier am Leben zu halten."

Noch ein Strich.

„Außerdem haben wir noch immer das Problem mit den Schnecken im Gemüsebeet", meinte Jay und schüttelte den Kopf. „Es ist jedes Jahr das Gleiche."

Lucy machte einen weiteren Strich. Sie bemerkte, dass Momo zwar nichts sagte, aber ebenfalls frustriert mit den Schultern zuckte.

Das Gespräch drehte sich weiter um Herausforderungen und Probleme. Am Ende der Pause hatte Lucy eine Liste mit über einem Dutzend Strichen vor sich liegen. Sie konnte sehen, dass sich die Stimmung des Teams nach den problemorientierten Gesprächen weiter verschlechtert hatte – ihre Körperhaltung war müde, ihre Blicke matt.

Lucy atmete tief durch. Sie wusste, dass sie jetzt eingreifen musste. „Leute“, begann sie mit ruhiger Stimme, während sie den Notizblock hochhielt. „Ich möchte euch etwas zeigen.“

Die Teammitglieder sahen sie neugierig an. „Heute Morgen habe ich eine kleine Strichliste geführt. Jedes Mal, wenn einer von uns eine problemorientierte Aussage gemacht hat, habe ich einen Strich gezogen.“ Sie hielt ihnen den Block entgegen. „Das ist das Ergebnis.“

Das Team starrte auf die Seite, die voller Striche war. Simon runzelte die Stirn, Momo hob eine Augenbraue, und Jay schob seine Kappe etwas tiefer ins Gesicht, als er den Block ansah.

„Wow“, murmelte Becky, die den Kopf leicht schüttelte. „Das ist eine Menge...“

Lucy nickte. „Ich will damit nicht sagen, dass wir die Probleme ignorieren sollten. Natürlich haben wir Herausforderungen, das ist normal. Aber wir verbringen so viel Zeit damit, darüber zu reden, warum etwas nicht funktioniert, dass wir dabei völlig vergessen, darüber nachzudenken, wie wir es lösen könnten.“ Sie machte eine Pause, um die Worte sacken zu lassen. „Was wäre, wenn wir unsere Energie darauf verwenden, nach Lösungen zu suchen, anstatt uns immer nur auf die Probleme zu konzentrieren?“

Momo war die Erste, die das Wort ergriff. „Also, was sollen wir tun? Einfach so tun, als ob die Probleme nicht existieren?“

„Nein“, antwortete Lucy und legte ihre Hände sanft auf den Tisch. „Aber vielleicht könnten wir uns nach jeder problemorientierten Aussage die Frage stellen: ‚Okay, und was können wir jetzt tun, um das zu lösen?‘ Es geht nicht darum, Probleme zu verdrängen, sondern sie als Teil des Prozesses zu akzeptieren und dann sofort in den Lösungsmodus zu wechseln.“

Simon lehnte sich nachdenklich zurück. „Das klingt sinnvoll“, gab er zu. „Aber manchmal scheint es so, als ob die Probleme zu groß sind, um sie wirklich lösen zu können.“

Lucy lächelte leicht. „Ich verstehe, dass es entmutigend sein kann, wenn die Probleme überhandnehmen. Aber wir müssen uns daran erinnern, dass jede Lösung mit einem kleinen Schritt beginnt. Lasst uns das mal ausprobieren.“ Sie hielt inne und sah in die Runde. „Wie wäre es, wenn wir uns ein konkretes Beispiel nehmen? Lasst uns mit dem Problem des schlechten Bodens anfangen. Was können wir tun, um das zu verbessern?“

Die Teammitglieder schauten sich kurz an, bevor Jay sich räusperte. „Wir könnten Mulch aufbringen, um die Bodenstruktur zu verbessern“, schlug er vor.

„Und wir könnten prüfen, ob wir Kompost hinzufügen können, um den Boden lockerer zu machen“, fügte Becky hinzu.

Simon nickte. „Ja, und vielleicht könnten wir ein besseres Drainagesystem installieren, damit das Wasser schneller abläuft."

Lucy strahlte. „Seht ihr? Jetzt sind wir auf dem richtigen Weg. Anstatt darüber zu reden, warum es nicht funktioniert, suchen wir nach Möglichkeiten, wie wir es besser machen können." Sie sah in die Runde und bemerkte, wie sich die Stimmung aufhellte. Die Teammitglieder saßen jetzt aufrechter, die Gesichter wirkten wacher und zuversichtlicher.

„Lasst uns von jetzt an bei jedem Problem, das auftaucht, auch immer nach einer Lösung suchen", sagte Lucy entschlossen. „Wenn jemand ein Problem anspricht, sollte er sofort auch überlegen, wie es gelöst werden könnte. Es geht nicht darum, immer die perfekte Lösung zu haben, sondern darum, den Fokus darauf zu legen, was wir tun können."

„Das macht Sinn", sagte Simon, seine Stimme ruhiger als zuvor. „Es ist leicht, sich in den Problemen zu verlieren, aber wenn wir aktiv nach Lösungen suchen, wird es einfacher, die Dinge anzugehen."

Lucca, der die ganze Zeit aufmerksam zugehört hatte, hob zögernd die Hand. „Kann ich auch was sagen?"

„Natürlich", ermutigte Lucy ihn.

„Ich habe bemerkt, dass viele der Probleme, die wir haben, auch in der Gärtnerei, in der ich früher gearbeitet habe, vorkamen", begann Lucca. „Aber niemand hat dort versucht, sie wirklich zu lösen. Die Leute haben sich nur beschwert und dann so weitergemacht wie immer. Das hier fühlt sich anders an. Es fühlt sich an, als könnten wir hier wirklich etwas verändern."

Lucy lächelte, während das Team Luccas Worte auf sich wirken ließ. „Genau das ist der Punkt, Lucca“, sagte sie sanft. „Wir wollen uns nicht in der Negativität verlieren. Wir wollen lernen, Probleme zu erkennen und sie dann Schritt für Schritt anzugehen.“ Sie sah in die Runde. „Können wir das gemeinsam tun?“

Das Team nickte, die Stimmung war zuversichtlich und energisch. Lucy spürte, dass sie auf dem richtigen Weg waren. Sie hatte es geschafft, das Bewusstsein für lösungsorientiertes Denken zu schärfen und das Team motiviert, aktiv nach Wegen zu suchen, um die Herausforderungen zu meistern, denen sie jeden Tag in der Gärtnerei begegneten.

In diesem Moment kam Herr Nowatzki auf die Gruppe zu, seine Schritte schwer und seine Miene kritisch. „Lösungsorientiert? Wirklich, Lucy? Das klingt für mich, als ob du versuchst, die Probleme einfach schönzureden. Denkst du wirklich, dass ein bisschen Gerede über Lösungen die harten Fakten verändern wird?“

Lucy hielt inne, die Blicke des Teams fielen auf sie, aber sie fühlte sich bereit. „Herr Nowatzki, es geht nicht darum, Probleme zu ignorieren. Wir wissen alle, dass es Herausforderungen gibt, aber wir haben festgestellt, dass wir uns zu sehr in den Problemen verlieren, anstatt sie zu lösen. Wenn wir den Fokus auf das lenken, was wir ändern können, können wir besser handeln.“

Nowatzki schnaubte. „Das klingt nett in der Theorie, Lucy, aber das hier ist eine Gärtnerei, kein Seminar für positive Psychologie. Die Realität ist, dass manche

Probleme nicht lösbar sind. Du solltest deine Energie nicht auf Träumereien verschwenden."

Lucy blieb ruhig und standfest. „Ich verstehe, dass nicht jedes Problem einfach verschwindet, Herr Nowatzki. Aber wenn wir aufhören, überhaupt nach Lösungen zu suchen, dann verlieren wir die Kontrolle über das, was wir beeinflussen können. Wir müssen pragmatisch sein, aber auch bereit, neue Ansätze zu finden."

„Neue Ansätze?", wiederholte Nowatzki sarkastisch. „Es gibt keine neuen Ansätze. Wir haben hier schon alles probiert. Wenn du wirklich etwas verändern willst, dann arbeite härter und hör auf, über Lösungen zu philosophieren."

Lucy hielt seinem Blick stand. „Wir werden hart arbeiten, das verspreche ich. Aber wir werden auch klug arbeiten und unsere Probleme angehen, anstatt sie nur zu beklagen. Ich werde dafür sorgen, dass wir konkrete Schritte unternehmen, um die Dinge zu verbessern."

Nowatzki schüttelte den Kopf, drehte sich um und murmelte, während er ging: „Na, dann viel Glück dabei."

Lucy spürte die Blicke ihres Teams auf sich ruhen, aber anstatt verunsichert zu sein, fühlte sie sich bestärkt. „Also", sagte sie mit einem aufmunternden Lächeln, „lasst uns jetzt genau das tun – hart und klug arbeiten." Das Team nickte entschlossen.

Als das Meeting zu Ende ging, war die Atmosphäre spürbar leichter. Während die Teammitglieder sich wieder an die Arbeit machten, sah Lucy, wie Jay lächelnd die Ärmel hochkrempelte und Becky sich mit neuer

Energie den Pflanzen zuwandte. Selbst Simon wirkte entspannter und schien wieder fokussierter.

Becky ging am Ende des Tages mit einem Lächeln nach Hause, ein seltenes Gefühl der Zufriedenheit und Erleichterung erfüllte sie. Sie traf sich später mit ihrer besten Freundin zum Bowling und erzählte ihr von der neuen Energie in der Gärtnerei. „Es ist komisch", sagte Becky, als sie ihren ersten Strike des Abends landete. „Aber ich habe das Gefühl, dass sich etwas geändert hat. Als ob wir wirklich etwas bewegen könnten, anstatt nur die ganze Zeit über die Probleme zu reden. Es tut gut, das Gefühl zu haben, dass wir Lösungen finden können."

Ihre Freundin grinste und klatschte sie ab. „Vielleicht bist du einfach in einem besseren Team, als du denkst."

Becky nickte langsam, als sie ihren nächsten Wurf vorbereitete. „Ja", sagte sie leise zu sich selbst, „vielleicht bin ich das wirklich."

Lucys Erfolgstagebuch

Datum: 1. März

Worauf ich stolz bin! Ich habe einen entscheidenden Schritt gemacht, um die Arbeitsweise meines Teams zu verändern – weg von einem problemorientierten Denken hin zu einer lösungsorientierten Kultur. Mir ist in den letzten Wochen immer stärker aufgefallen, dass wir uns oft in Problemen verlieren und uns gegenseitig entmutigen. Aber statt die Situation weiter zu ignorieren, habe ich heute bewusst entschieden, den Prozess zu unterbrechen und einen anderen Weg einzuschlagen.

Besonders stolz bin ich darauf, dass ich das Team nicht nur auf die Problematik aufmerksam gemacht habe, sondern sie aktiv dazu gebracht habe, über Lösungen nachzudenken. Die Strichliste, die ich führte, war ein einfaches, aber wirkungsvolles Instrument, um ihnen klarzumachen, wie oft wir uns im Negativen verlieren. Als ich ihnen die Striche zeigte, sah ich das Erstaunen und die Einsicht in ihren Augen. Es war, als ob ihnen zum ersten Mal bewusstwurde, wie sehr sie sich in dieser Gedankenspirale befanden.

Das Gespräch hat etwas in der Gruppe verändert. Statt weiter über die Probleme zu klagen, haben wir angefangen, sofort nach Lösungen zu suchen. Der Moment, in dem Simon, Becky und Jay ihre Ideen zur Verbesserung des Bodens einbrachten, war für mich ein echtes Highlight. Es war der Beweis, dass das Team in der

Lage ist, Probleme nicht nur zu erkennen, sondern auch aktiv zu lösen – wenn man ihnen den Raum dazu gibt.

Doch der wirklich herausfordernde Teil kam, als Herr Nowatzki auf uns zukam und meinen Ansatz offen infrage stellte. Es wäre leicht gewesen, mich von seiner Kritik verunsichern zu lassen, aber ich habe klar und ruhig zu meinem Führungsstil gestanden. Ich bin stolz darauf, dass ich ihm deutlich gemacht habe, dass es nicht um Schönreden oder Ignorieren von Problemen geht, sondern darum, Lösungen zu suchen und pragmatisch zu handeln.

Die Reaktion des Teams hat mir gezeigt, dass ich auf dem richtigen Weg bin. Sie haben meine Haltung geteilt und waren bereit, diesen neuen, lösungsorientierten Ansatz anzunehmen. Besonders Luccas Kommentar, dass sich unser Ansatz von dem in seiner alten Gärtnerei unterscheidet, hat mich darin bestärkt, dass wir hier wirklich etwas bewegen. Diese Veränderung in der Denkweise könnte der Schlüssel sein, um die Motivation und die Zusammenarbeit im Team langfristig zu verbessern.

Was ich optimieren will: Ich hätte vielleicht schon früher eingreifen sollen. Die negativen Gespräche und problemorientierten Aussagen waren schon seit einiger Zeit ein Thema, das ich bemerkt, aber nicht direkt angesprochen habe. In Zukunft möchte ich früher auf solche Muster aufmerksam machen und das Team schneller auf einen lösungsorientierten Weg lenken. Zudem werde ich mich noch besser darauf vorbereiten, kritische Stimmen wie die von Herrn Nowatzki abzufangen, ohne in unnötige Auseinandersetzungen zu geraten. Es ist wichtig, ruhig und souverän zu bleiben, aber gleichzeitig klarzumachen, dass mein Ansatz der richtige für unser Team ist.

Lucys Vibes für positives Leadership

Was hat Lucy vollbracht? Lucy hat es geschafft, das Team von einem problemorientierten Ansatz auf eine lösungsorientierte Denkweise umzustellen. Indem sie das Bewusstsein für die Macht des positiven Denkens geschärft hat, hat sie nicht nur die Effizienz der Gärtnerei gesteigert, sondern auch die Motivation und den Teamgeist gestärkt.

Was kannst du tun? Versuche, in deinem Team eine Kultur der Lösungsorientierung zu etablieren. Beobachte, wie oft problemorientiertes Denken dominiert, und lenke die Aufmerksamkeit auf mögliche Lösungen. Nutze regelmäßige Teamgespräche, um gemeinsam über Herausforderungen zu sprechen und Lösungen zu entwickeln. Es ist wichtig, dass jeder im Team weiß, dass Probleme zum Alltag gehören, aber die Art und Weise, wie man sie angeht, den Unterschied macht.

Was bringt es deinem Team? Lösungsorientierte Teams sind motivierter und effizienter. Wenn alle daran glauben, dass es für jedes Problem eine Lösung gibt, schaffen sie eine positive Dynamik, die zu innovativen Ansätzen und besseren Ergebnissen führt. Außerdem stärkt es das Vertrauen im Team und die Fähigkeit, sich gegenseitig zu unterstützen und voranzubringen.

Was hast du als Führungskraft davon? Als Führungskraft profitierst du von einem Team, das eigenständig und proaktiv arbeitet. Du kannst Dich darauf verlassen, dass deine Mitarbeitenden nicht nur Probleme identifizieren, sondern auch Lösungen vorschlagen und umsetzen. Je selbständiger sie dies tun, desto mehr identifizieren sie sich mit dem, was sie tun.

Dein Call-to-Action: Starte bereits morgen damit, problemorientierte Aussagen zu notieren – bei Dir selbst und bei deinem Team. Teile die Ergebnisse und leite eine Diskussion darüber, wie ihr den Fokus auf Lösungen legen könnt. Du wirst überrascht sein, wie schnell sich die Denkweise in deinem Team verändert und wie dies die Ergebnisse positiv beeinflusst.

”

Talente finden Lösungen, Genies entdecken Probleme.

(Hans Krailsheimer)

Vibe 15: Sonnenlicht & Fairness als Substrat für Wachstum

Es war ein klarer Morgen in der Gärtnerei. Die Luft war frisch, durchzogen vom Duft nasser Erde und der sanften Brise, die durch die Bäume strich. Lucy schritt mit ruhigem, aber konzentriertem Blick über das Gelände, beobachtete die Aktivitäten ihres Teams und stellte fest, dass sich etwas verändert hatte. Die üblichen lebhaften Unterhaltungen fehlten und das sonst übliche Lächeln war verschwunden. Stattdessen herrschte eine merkwürdige Stille. Es war nicht die Art von produktiver Ruhe, die Lucy normalerweise genoss. Es war eine Stille, die von unterdrückter Frustration und Unzufriedenheit herrührte.

An diesem Morgen war es Simon, der schließlich das Schweigen durchbrach. Simon, der Fels in der Brandung, der Mann, auf den sich das gesamte Team stets verlassen konnte. Heute jedoch wirkte er erschöpft, seine Augen schienen tiefer in den Höhlen zu liegen als sonst, und die leichte Falte auf seiner Stirn deutete auf eine innere Anspannung hin, die Lucy bisher übersehen hatte.

„Lucy, können wir reden?“ Simons Stimme war ruhig, aber in ihr lag eine Schärfe, die Lucy sofort aufhorchen ließ. Sie wandte sich ihm zu, bereit, zuzuhören, doch Simons Gesichtsausdruck verriet, dass es mehr als nur ein kleiner Ärger war, der ihn plagte.

„Natürlich, Simon,“ sagte Lucy sanft und führte ihn zu einem abgelegenen Bereich der Gärtnerei, wo sie ungestört sprechen konnten. Sie setzte sich auf eine alte Holzkiste und bedeutete Simon, Platz zu nehmen. Doch Simon blieb stehen, die Hände tief in den Taschen seiner Arbeitskleidung vergraben.

„Es geht um die Arbeit," begann er. „Ich weiß, dass jeder hier seinen Teil beiträgt, aber ich habe das Gefühl, dass ich oft die härtesten und schmutzigsten Aufgaben übernehme. Ich mache das, weil es getan werden muss, aber ehrlich gesagt… es wird langsam frustrierend."

Lucy nickte langsam und ließ ihn weiterreden. Sie wusste, dass es wichtig war, ihm den Raum zu geben, seine Gedanken zu äußern, bevor sie antwortete.

„Es ist nicht so, dass ich mich drücken will," fuhr Simon fort, während er auf den Boden starrte, „aber wenn ich immer die gleichen unangenehmen Aufgaben übernehmen muss, fange ich an, mich weniger wertgeschätzt zu fühlen. Und ich glaube, das geht nicht nur mir so. Die Stimmung im Team hat sich verändert, und ich denke, dass viele von uns ähnlich denken, aber keiner traut sich, es anzusprechen."

Lucys Herz sank bei diesen Worten. Sie hatte immer Wert daraufgelegt, Fairness und Gleichbehandlung zu fördern, aber es war offensichtlich, dass sie in diesem Fall etwas übersehen hatte. Sie sah Simon ernst an und sagte: „Danke, dass du das angesprochen hast, Simon. Es tut mir leid, dass du dich so fühlst. Mir war nicht bewusst, dass die Aufgabenverteilung so empfunden wird, und das ist definitiv nicht das, was ich beabsichtigt habe."

Simon hob den Blick, seine Anspannung löste sich ein wenig, aber er blieb wachsam. „Es wäre gut, wenn wir die

Arbeit etwas gerechter verteilen könnten. Jeder von uns hat Stärken, aber auch Grenzen."

Lucy dachte über seine Worte nach und beschloss, das Problem sofort anzugehen. Sie wusste, dass Fairness nicht nur darin bestand, jedem dieselben Aufgaben zu geben, sondern darin, sicherzustellen, dass jeder im Team die Chance hatte, seine Talente einzusetzen, sich wertgeschätzt zu fühlen und gleichzeitig nicht überlastet zu werden.

In diesem Moment tauchte plötzlich Herr Nowatzki auf, die Arme wie gewohnt vor der Brust verschränkt und mit einem kritischen Blick auf das Team gerichtet. Er kam direkt auf Lucy zu und sagte mit scharfem Ton: „Lucy, was ist hier los? Es sieht so aus, als würden deine Leute rumstehen und quatschen, anstatt zu arbeiten. Ist das deine Vorstellung von Führung?"

Lucy spürte die Anspannung sofort, blieb jedoch ruhig. „Herr Nowatzki, wir führen gerade ein wichtiges Gespräch über die Aufgabenverteilung im Team. Es gibt einige Unzufriedenheiten, die ich ernst nehmen muss."

Nowatzki schnaubte abfällig. „Unzufriedenheiten? Was ist das denn für ein Weichspüler-Gespräch? Früher haben wir einfach gearbeitet, ohne ständig über Gefühle und Fairness zu reden. Wenn ich hier herumschaue, sehe ich mehr Diskussionen als Ergebnisse."

Lucy verschränkte nun selbst die Arme und begegnete seinem Blick mit festem Entschluss. „Früher mag das so gewesen sein, Herr Nowatzki, aber das war auch ein Grund, warum die Leute unzufrieden und erschöpft waren. Ich werde nicht zulassen, dass mein

Team sich in endlosen Aufgaben verliert, ohne je den Erfolg ihrer Arbeit zu sehen."

„Erfolg?" wiederholte Nowatzki spöttisch. „Erfolg ist, wenn die Arbeit erledigt ist. Mehr gibt's dazu nicht zu sagen. Du solltest weniger reden und mehr dafür sorgen, dass die Pflanzen an Ort und Stelle kommen."

Lucy spürte, wie ihre Geduld auf die Probe gestellt wurde, doch sie blieb ruhig. „Erfolg ist auch, wenn das Team motiviert und zufrieden ist, Herr Nowatzki. Denn nur dann werden sie langfristig gute Arbeit leisten. Heute konzentrieren wir uns darauf, greifbare Erfolge zu sehen, anstatt einfach nur durch die Aufgaben zu hetzen."

Nowatzki zog eine Augenbraue hoch, sein Ton blieb jedoch kalt. „Wir werden sehen, wie lange das hält, Lucy. Aber denk dran, Pflanzen brauchen Arbeit, keine Motivationsreden." Mit diesen Worten drehte er sich abrupt um und ließ Lucy stehen, die fest entschlossen war, an ihrer Führung festzuhalten.

Am Nachmittag versammelte sie das Team. Sie hatten sich um den großen Arbeitstisch in der umgebauten Gartenlaube versammelt, die jetzt als Treffpunkt diente. Die Sonne schien warm durch die Fenster, und doch lag eine angespannte Erwartung in der Luft. Lucy stellte sich vor das Team, atmete tief durch und begann mit ruhiger, aber fester Stimme: „Es gibt etwas, das wir besprechen müssen. Simon hat heute den Mut gehabt, ein Thema anzusprechen, das uns alle betrifft: die Fairness in der Aufgabenverteilung."

Ein Raunen ging durch die Gruppe, und Lucy bemerkte, wie Becky nervös mit den Fingern spielte. Momo schien in Gedanken

vertieft, während Jay seine Arme vor der Brust verschränkt hatte und aufmerksam lauschte.

„Ich habe in letzter Zeit gemerkt, dass die Stimmung im Team nicht mehr so harmonisch ist wie früher," fuhr Lucy fort. „Ich glaube, das hat viel damit zu tun, wie die Arbeit verteilt ist. Deshalb möchte ich, dass wir heute offen darüber sprechen, wie wir sicherstellen können, dass sich jeder fair behandelt fühlt."

Becky hob vorsichtig die Hand. „Ich habe das auch bemerkt," sagte sie leise. „Es fühlt sich oft so an, als würden einige von uns die unangenehmeren Aufgaben übernehmen, während andere die einfacheren Dinge machen."

„Das ist mir auch aufgefallen," fügte Momo hinzu. „Aber ich wusste nicht, wie ich es ansprechen sollte. Ich möchte nicht, dass jemand denkt, ich sei faul oder würde mich drücken."

Jay nickte und brach schließlich sein Schweigen. „Wir sind alle hier, weil wir diese Arbeit lieben. Aber es ist schwer, motiviert zu bleiben, wenn man das Gefühl hat, ständig die Drecksarbeit machen zu müssen."

Lucy hörte jedem einzelnen aufmerksam zu und wusste, dass dies ein entscheidender Moment war. Fairness war nicht nur eine Frage der Logistik – es ging um das Gefühl der Wertschätzung und des Respekts das jeder in einem Team erleben sollte. Sie musste eine Lösung finden, die nicht nur die Arbeit gerechter verteilte, sondern auch das Vertrauen im Team wiederherstellte.

„Ich schlage vor, dass wir ein Rotationssystem einführen," begann sie. „Jeder von uns hat unterschiedliche Stärken und Vorlieben, aber wir sollten sicherstellen, dass niemand das Gefühl hat, immer nur die gleichen, unangenehmen Aufgaben zu übernehmen. Gleichzeitig sollten wir uns regelmäßig zusammensetzen und darüber sprechen, wie sich jeder fühlt. Feedback ist entscheidend, um solche Probleme frühzeitig zu erkennen."

Das Team nickte zustimmend, und eine gewisse Erleichterung machte sich breit. Doch Lucy wusste, dass Worte allein nicht ausreichen würden. Sie musste zeigen, dass sie es ernst meinte.

„Lass uns das konkret machen," sagte sie, ihre Stimme jetzt entschlossener. „Wir erstellen einen detaillierten Plan, bei dem jeder die Verantwortung für verschiedene Bereiche übernimmt – nicht nur die leichten Aufgaben, sondern auch die schwierigeren. Wir werden diese Aufgaben regelmäßig wechseln, sodass jeder die Möglichkeit hat, in verschiedenen Bereichen zu arbeiten. Zusätzlich führen wir eine wöchentliche Feedback-Runde ein, in der jeder seine Erfahrungen und Vorschläge einbringen kann."

In den kommenden Wochen setzte Lucy das Rotationssystem um und führte die Feedback-Runden ein. Sie nahm sich die Zeit, jeden im Team persönlich anzusprechen, um sicherzustellen, dass sich niemand übersehen fühlte. Die Veränderungen waren nicht sofort spürbar, doch nach und nach begann die Stimmung im Team sich zu verbessern. Die Arbeit wurde gerechter verteilt, und das Team begann wieder harmonischer zusammenzuarbeiten.

Eines Nachmittags, als sie nach einer besonders produktiven Woche in der Laube zusammensaßen, sah Lucy die Veränderung in den Gesichtern ihrer Teammitglieder. Simon wirkte entspannter, Becky lächelte mehr, Momo hatte wieder ihre kreative Energie, und Jay schien zufrieden und ausgeglichen. Die Spannungen, die das Team einst belastet hatten, waren verschwunden, und stattdessen war ein Gefühl der Kameradschaft und des gegenseitigen Respekts entstanden.

„Ich möchte euch danken," sagte Lucy schließlich. „Das war kein einfacher Prozess, aber ich bin stolz darauf, wie wir das gemeinsam angegangen sind. Fairness ist der Schlüssel zu einem gesunden, starken Team. Wir haben gezeigt, dass wir nicht nur als Team arbeiten können, sondern auch als Gemeinschaft wachsen."

Jay lehnte sich zurück und grinste breit. „Du hast recht, Lucy. Es fühlt sich jetzt wirklich an, als würden wir alle unser eigenes Sonnenlicht abbekommen."

Simons Augen leuchteten, und er fügte hinzu: „Es ist erstaunlich, was passieren kann, wenn man sich gehört und geschätzt fühlt. Jetzt arbeiten wir nicht nur zusammen – wir motivieren uns gegenseitig, unser Bestes zu geben."

Lucy lächelte zufrieden und wusste, dass dies der Anfang einer neuen Ära in ihrer Gärtnerei war – eine Ära, in der Fairness nicht nur ein Prinzip, sondern ein lebendiger Teil des täglichen Miteinanders war.

Momo ließ sich an diesem Abend erschöpft, aber zufrieden auf ihr Bett fallen. Ihre bunten Haare fielen ihr ins Gesicht, als sie an den Tag in der Gärtnerei zurückdachte. Die neuen Veränderungen hatten ihre Wirkung gezeigt – es fühlte sich endlich fairer an. Sie spürte, dass ihre Arbeit mehr geschätzt wurde und sie nicht mehr einfach nur die leichten Aufgaben erledigte, die ihr oft zugeteilt wurden, weil sie jung und neu im Team war.

Als sie sich später mit ihren Freundinnen beim Grillfest traf, ließ sie die Erlebnisse des Tages Revue passieren. Das Knistern des Feuers und der Duft von gegrilltem Gemüse erfüllten die Luft, während sie das Fleisch auf den Grill legten. Momo grinste, als sie an Lucy dachte.

„Ihr werdet es nicht glauben," sagte sie, während sie einen weiteren Happen von ihrem Salat nahm. „In der Gärtnerei läuft es jetzt echt besser. Lucy hat das Problem mit den Aufgabenverteilungen wirklich ernst genommen. Jetzt wechseln wir die Aufgaben durch, und ich habe das Gefühl, dass wir alle mehr Verantwortung übernehmen."

Eine ihrer Freundinnen, Tanja, hob die Augenbrauen und lachte. „Wirklich? Und wie klappt das bei dir mit der Gartenarbeit? Du warst doch immer die, die lieber mit Pflanzen sprach als sie zu pflanzen!"

Momo lachte ebenfalls. „Ja, das stimmt. Aber irgendwie fühlt es sich jetzt anders an. Es ist nicht mehr nur Arbeit – ich habe das Gefühl, Teil von etwas Größerem zu sein. Wir arbeiten alle an etwas gemeinsam, und das macht den Unterschied."

„Und du fühlst dich wirklich fair behandelt?" fragte eine andere Freundin neugierig.

Momo nickte. „Ja, zum ersten Mal habe ich das Gefühl, dass ich die gleichen Chancen bekomme wie die anderen.

Es ist nicht nur das, was ich tue, sondern wie wir miteinander umgehen. Lucy hat es echt geschafft, uns das Gefühl zu geben, dass jeder von uns zählt."

Sie lehnte sich zurück und starrte in den Sternenhimmel, während sie den Grillgeruch einatmete. Es war ein Gefühl der Zufriedenheit, das sich tief in ihr festgesetzt hatte. Zum ersten Mal seit langer Zeit fühlte sie sich bei der Arbeit nicht nur akzeptiert, sondern wirklich wertgeschätzt.

Lucys Erfolgstagebuch

Datum: 15. März

Worauf ich stolz bin! Heute wurde ich auf eine harte Probe gestellt. Der Tag begann mit Simons ehrlichem Feedback zur Aufgabenverteilung, das mich tief getroffen hat. Es war ein Weckruf. Mein Team fühlt sich überlastet und unfair behandelt – etwas, das ich nie beabsichtigt hatte, aber dennoch zugelassen habe. Als Simon mir das sagte, wusste ich, dass ich sofort handeln musste. Doch das Gespräch mit Herrn Nowatzki war der wirkliche Test. Seine harsche Kritik an meinem Führungsstil und sein Spott über die Idee, Fairness und Motivation als Teil unserer Arbeit zu sehen, haben mich herausgefordert. Es wäre leicht gewesen, defensiv zu werden oder nachzugeben, aber ich blieb standhaft.

Ich bin stolz darauf, dass ich meinen Kurs gehalten habe. Es geht mir nicht nur darum, die Arbeit zu erledigen – ich möchte, dass mein Team ihre Erfolge spürt und stolz auf das ist, was sie tun. Besonders stolz bin ich darauf, dass das Team offen über ihre Gefühle gesprochen hat, als wir uns alle zusammen hingesetzt haben. Becky, Momo und Jay haben mir gezeigt, dass sie bereit sind, Veränderungen anzunehmen. Simon hat mit seinem Mut den ersten Schritt gemacht, und das hat uns als Team wieder näher zusammengebracht. Heute haben wir den ersten Schritt gemacht, die Aufgabenverteilung gerechter zu gestalten, und ich bin überzeugt, dass das der Beginn von etwas Größerem ist.

Was ich optimieren will: Ich muss noch schneller auf Anzeichen von Frustration im Team reagieren, bevor es zu einer offenen Krise kommt. Die kritischen Bemerkungen von Herrn Nowatzki haben mir gezeigt, dass ich in Zukunft schneller Klartext sprechen muss, um solche negativen Einflüsse auf das Team frühzeitig abzufangen. Es darf nicht passieren, dass solche Kommentare die Moral meines Teams untergraben. Ich werde noch mehr darauf achten, wie meine Mitarbeiterinnen und Mitarbeiter auf äußeren Druck reagieren, und sicherstellen, dass wir weiterhin als starkes Team zusammenarbeiten.

Lucys Vibes für positives Leadership

Was hat Lucy vollbracht? Lucy hat es geschafft, ein schwieriges Thema wie Fairness im Team anzusprechen, obwohl sie wusste, dass es Spannungen und Kritik auslösen könnte. Sie hat Simons Feedback ernst genommen und sofort gehandelt, indem sie das ganze Team in die Problemlösung einbezogen hat. Gleichzeitig hat sie es geschafft, Herrn Nowatzki entschieden, aber respektvoll entgegenzutreten, als er versuchte, ihre Bemühungen kleinzureden. Durch die Einführung eines Rotationssystems und wöchentlicher Feedback-Runden hat Lucy nicht nur die Aufgabenverteilung fairer gestaltet, sondern auch die Teamkultur gestärkt.

Was kannst du tun? Wenn du merkst, dass dein Team Anzeichen von Unzufriedenheit zeigt, wie es bei Lucy der Fall war, nimm das ernst. Schaffe Raum für ehrliches Feedback und lasse dein Team aktiv an der Lösung mitarbeiten. Ein entscheidender Faktor für erfolgreiches Leadership ist es, nicht nur auf die Ergebnisse zu schauen, sondern auch darauf, wie sie erreicht werden. Achte auf Stimmungen im Team, und lasse dich nicht von externen Stimmen verunsichern. Sei bereit, auch mal unpopuläre Entscheidungen zu treffen, wenn es im Sinne deines Teams ist.

Was bringt es deinem Team? Ein Team, das das Gefühl hat, fair behandelt zu werden, ist motivierter, engagierter und arbeitet effizienter zusammen. Wenn du die Aufgaben gerecht verteilst und dabei auf die individuellen Stärken und Grenzen deiner

Teammitglieder eingehst, schaffst du eine Atmosphäre des Respekts und der Wertschätzung. Langfristig fördert dies nicht nur das Wohlbefinden, sondern auch die Produktivität deines Teams. Feedback-Runden sind ein wichtiges Instrument, um das Vertrauen zu stärken und sicherzustellen, dass Probleme frühzeitig erkannt und angegangen werden.

Was hast du als Führungskraft davon? Wenn du sicherstellst, dass Fairness im Team herrscht, erleichterst du Dir als Führungskraft das Leben erheblich. Zufriedene und motivierte Mitarbeitende bedeuten weniger Konflikte, weniger Stress und weniger Zeit, die du in Krisenmanagement investieren musst. Stattdessen kannst du Dich auf strategische Aufgaben konzentrieren, weil dein Team selbstständig arbeitet und Probleme eigenständig löst. Zudem steigt dein Ansehen als Führungskraft, da deine Mitarbeiterinnen und Mitarbeiter sehen, dass du sie ernst nimmst und für ihre Bedürfnisse sorgst – das stärkt ihre Loyalität und reduziert Fluktuation.

Dein Call-to-Action: Setze Dich morgen direkt mit deinem Team zusammen und frage offen: „Wie fühlt ihr euch mit der aktuellen Aufgabenverteilung? Habt ihr das Gefühl, dass die Arbeit gerecht verteilt ist?" Notiere Dir die Antworten und entwickle konkrete Maßnahmen, um eventuelle Ungleichheiten zu beseitigen. Implementiere sofort ein Rotationssystem oder regelmäßige Feedback-Runden. Setze klare Erwartungen und Ziele für die kommenden Wochen, um sicherzustellen, dass die Veränderungen wirklich umgesetzt werden. Mache dies zu einer festen Routine, um langfristig eine faire und motivierte Teamkultur zu etablieren.

Lucys Glück

Sie war glücklich. Lucy saß in der kleinen Teeküche der Gärtnerei, die vertrauten Aromen von frisch gebrühtem Tee erfüllten den Raum. Draußen knospten schon langsam die ersten Bäume, und die sanften Hügel, die das Grundstück umgaben, schienen in einem goldenen Licht zu baden. Der Winter neigte sich dem Ende zu, der Frühling klopfte an, und auch in Lucys Herz war ein neues Kapitel begonnen. Es war jetzt ein Jahr her, dass sie die Leitung der Gärtnerei übernommen hatte, und sie konnte nicht anders, als voller Stolz und Dankbarkeit auf diese Zeit zurückzublicken.

Sie erinnerte sich an ihre ersten Tage als Chefin, als Unsicherheiten und Zweifel an jeder Ecke lauerten. Es hatte sich damals angefühlt, als stünde sie vor einem riesigen Berg, dessen Gipfel sie nie erreichen könnte.

Doch heute, ein Jahr später, wusste sie, dass es die Herausforderungen und Hindernisse gewesen waren, die sie gestärkt und ihr wahres Potenzial als Führungskraft ans Licht gebracht hatten.

Lucy blickte nachdenklich aus dem Fenster, während ihre Gedanken über die vielen Schritte auf dieser Reise schweiften. Sie erinnerte sich an den Tag im März, als sie mit zittrigen Händen die Verantwortung für die Gärtnerei übernahm. Sie dachte an die schwierigen Gespräche, die schlaflosen Nächte und die vielen Stunden des

Nachdenkens darüber, wie sie ihr Team am besten führen konnte. Sie hatte so vieles über Menschen, Führung und sich selbst gelernt.

„Es war keine leichte Reise," dachte sie, „aber sie war jede Mühe wert." Die Herausforderungen, die sich ihr in den Weg gestellt hatten, waren letztlich zu Lehrmeistern geworden. Die Tage, an denen sie nicht wusste, ob sie die richtige Entscheidung getroffen hatte, hatten sie zu einer selbstbewussteren, weiseren Führungskraft gemacht. Sie wusste jetzt, dass echte Führung darin bestand, nicht nur Entscheidungen zu treffen, sondern Vertrauen zu schaffen, das Team zu inspirieren und das Beste in jedem einzelnen herauszuholen.

Ihr Lächeln wurde breiter, als sie an die Entwicklung ihres Teams dachte. Vor einem Jahr war vieles in der Gärtnerei noch unsicher gewesen. Die Stimmung war angespannt, die Rollen waren unklar und die Kommunikation oft stockend. Doch heute waren sie alle zusammengewachsen. Sie hatten gelernt, offen miteinander zu reden, einander zuzuhören und auf die Stärken jedes Einzelnen zu vertrauen. Sie hatten gemeinsam eine Kultur der Fairness und des gegenseitigen Respekts geschaffen, in der jeder wusste, dass seine Arbeit geschätzt wurde.

In diesem Moment dachte sie auch an Herrn Nowatzki. Früher hatte sie seine kritischen Kommentare oft als Angriff empfunden, doch heute sah sie die Dinge anders. Er hatte ihr viele Male den Spiegel vorgehalten, ihr ihre Unsicherheiten vor Augen geführt und sie herausgefordert, ihre Entscheidungen mit Überzeugung zu verteidigen. Es war nicht immer angenehm gewesen, aber gerade durch seine Skepsis hatte Lucy gelernt, standhaft zu bleiben und ihre eigenen Ansätze zu hinterfragen – um sie am Ende noch klarer und entschlossener umzusetzen.

Lucy erkannte, dass seine strenge Art sie oft dazu gebracht hatte, innezuhalten und tiefer über ihre Führungsprinzipien nachzudenken. Ohne Herrn Nowatzkis Einwände hätte sie möglicherweise nicht den Mut entwickelt, ihre Überzeugungen so stark zu vertreten. Seine Art, Dinge kritisch zu betrachten, hatte sie letztlich nicht geschwächt, sondern gestärkt. Sie fühlte keine Abwehr mehr, sondern Dankbarkeit. Herr Nowatzki war ein unerwarteter Lehrmeister gewesen – einer, der sie gelehrt hatte, sowohl Herausforderungen als auch Widerstände als Chance zu sehen, um weiter zu wachsen.

Lucy fühlte sich dankbar. Dankbar für die Herausforderungen, die sie überwunden hatten, für die Momente des Zweifels, die sie stärker gemacht hatten, und für die Menschen, die sie auf dieser Reise unterstützt hatten. Sie dachte an Simon, Becky, Momo und Jay – an die Momente, in denen sie gemeinsam Erfolge gefeiert hatten, aber auch an die Zeiten, in denen sie sich gegenseitig durch schwierige Phasen getragen hatten. Jeder von ihnen hatte etwas Einzigartiges eingebracht, und Lucy hatte gelernt, dass Führung auch bedeutete, den Raum für diese Einzigartigkeiten zu schaffen und sie zu fördern.

„Ich bin dankbar für all das," dachte Lucy mit einem tiefen Atemzug. „Für die Höhen und die Tiefen, für die kleinen Siege und die großen Erfolge." Aber sie wusste auch, dass die Reise noch lange nicht zu Ende war. Es gab noch so viel zu lernen, viele weitere Herausforderungen zu meistern und so viel Potenzial, das in jedem von ihnen schlummerte.

Lucy fühlte sich erfüllt und motiviert. „Wir haben es gemeinsam geschafft," flüsterte sie leise, „und wir werden weiterwachsen – zusammen."

Den Garten der Führung kultivieren

Lucys Reise durch die Welt der Bio-Gärtnerei ist mehr als nur eine Geschichte über Pflanzen und Menschen. Sie ist ein Sinnbild für das tägliche Bemühen, einen Garten zu kultivieren, in dem nicht nur Pflanzen, sondern auch Beziehungen, Fähigkeiten und Vertrauen wachsen und gedeihen können. Nun, was kannst du aus Lucys Weg in der Bio-Gärtnerei lernen?

Bereite den Boden vor! Erfolgreiche Führung beginnt mit einer guten Grundlage. Schaffe ein Umfeld, in dem dein Team verwurzeln kann – geprägt von Vertrauen, Wertschätzung und klaren Erwartungen.

Pflege deine Pflanzen! Denn deine Mitarbeiterinnen und Mitarbeiter sind wie die Pflanzen in deinem Garten. Jeder benötigt andere Pflege, um zu wachsen und zu gedeihen. Fördere deine Talente, unterstütze Schwächen und biete viel Raum für Entwicklung.

Schneide behutsam zurück! Manchmal ist es auch nötig, verstaubte Gewohnheiten loszulassen und Neues zuzulassen, um Platz für frische Triebe zu schaffen. Lerne zu delegieren und Vertrauen

in deine Teammitglieder zu setzen.

Säe Vielfalt! Ein gesunder Garten lebt von der Vielfalt. Fördere eine Kultur der Inklusion und Fairness, in der jeder Mensch zählt und jeder die Möglichkeit hat, sich einzubringen und zu wachsen.

Bewässere regelmäßig! So, wie Pflanzen Wasser zum Gedeihen benötigen, brauchen auch deine Menschen im Team laufend Motivation und Unterstützung.
Bleibe im ständigen Dialog, gib Feedback und ermutige dein Team, auch deren eigene Ideen
einzubringen und auch Lösungen zu finden.

Schütze vor Schädlingen! Denn in einem gepflegten Garten werden Herausforderungen und Probleme frühzeitig erkannt und gelöst. Sei wachsam, gehe offen mit Schwierigkeiten um und fördere eine Kultur der Lösungsorientierung.

Führung ist heutzutage wie das Gärtnern in einem biologischen Garten: Es erfordert Geduld, Achtsamkeit und die Bereitschaft, sich ständig weiterzuentwickeln. Doch wie Lucy gezeigt hat, kannst du durch deine Hingabe und dein Engagement einen blühenden Garten schaffen, in dem sowohl Menschen als auch Ideen wachsen und gedeihen.

Mache Dich auf den Weg, den Garten deiner Führung zu kultivieren – mit Hingabe, Kreativität und dem festen Glauben daran, dass jeder Samen, den du pflanzt, Früchte tragen kann.

Mögest du stets das richtige Werkzeug in der Hand und den Mut im Herzen haben, deinen eigenen Garten des Erfolgs zu pflegen.

Was sind deine Erkenntnisse bisher?

....

....

....

....

....

....

....

....

....

....

....

....

....

....

....

....

....

„

Du bist die Summe deiner Mitarbeitenden.

(Rudolf Hausegger)

Printed by Amazon Italia Logistica S.r.l.
Torrazza Piemonte (TO), Italy

64885684R00136